COSMIC
GARDEN
Forerunner

The Portal to Cosmic Consciousness

意識覺醒的旅程，持續中……

CONVOLUTED UNIVERSE

新能量的使徒和其他星球的生命

迴旋宇宙 2 中

劃時代的先驅催眠師
《地球守護者》、《三波志願者與新地球》作者
Dolores Cannon（朵洛莉絲．侃南）著
法藍西斯／郭思琪 譯

園丁的話

藉由這本書的出版，我想先說幾件事。

1. 對於大陸製作盜版和購買朵洛莉絲・侃南系列盜版書的人，我相信你們應該是對此類型的書有興趣，正在探索身心靈主題或是從事身心靈工作。也因此，我想提醒，在任何一個時空和宇宙，將心比心，不做傷害他人權益和違反靈性的事，都是不變的真理，而且惟有言行一致地落實所讀到的靈性法則和做人道理，才會有振頻的提升。

2. 對於因此系列書（不論是正版或盜版）而認識並學習量子療癒催眠法一階課程的人（不論是學習正確的繁體中文版本還是大陸的簡體版），只要是操作QHHT，以朵洛莉絲・侃南的名字為自己宣傳，就有義務遵從她的教導；請記得，永遠以個案的福祉為先。切勿打著朵洛莉絲和QHHT的名義卻偏離她的教導，只圖自己的利益或藉機表現自以為的「神通」。你們都有責任維護朵老師和QHHT的聲譽。

3. 網路上有不少所謂的外星文章和訊息欠缺可信度和正確性，有些說法甚至是刻意在混亂人類的正常心智。請留意想藉由製造恐懼，還有以外星名義斂財的療法和課程，那是居心不良者的旁門左道。為了你們的身心健康和荷包，請謹慎。不要把寶貴的力量給了他們。好好的踏實生活，誠實面對自己和他人，儘量讓自己活得開心，這就是你的靈魂和這個世界所需要的。

言歸迴旋宇宙。

如果，今天我們以一種跳脫文字表面定義的方式思考，不要認為地球進入下個次元是一個會在未來某個時候或瞬間發生的「集體」事件，(或者可以這麼說，「集體」不必然表示全體一起，因為在同樣空間裡的許多次「個別」發生，必然會累積為「集體」或整體，而在人類的時間軸裡，一段長時間在其他次元也只是「瞬間」。)也就是說，地球進入另一個次元的發生或許不是在那麼一個集體的特定時刻，而是每一個人類各自的特定時刻。

那麼，不妨想像這麼一個可能。如果，這一世就是每個人在這個地球的最後一世，你這輩子的作為和頻率將決定你未來的去處，決定你是否會去(或者該說想不想去)

那個較高頻率，沒有現今種種負面的新地球。

想想我們對所感受到的時間加速，還有顯化速度加快的可能意義。

想像一下，如果這一世是決定你能否進入新地球的關鍵一世，那麼，你會開始怎麼過你的人生？

讓我們好好活出那個最高善的自己吧。:)

contents 目次

發覺很有必要聲明，對於體驗或學習朵洛莉絲的量子療癒催眠法有興趣者，請聯繫宇宙花園 service@cosmicgarden.com.tw，以避免自行搜尋到違反朵洛莉絲教導，未以個案福祉為重或假冒 QHHT 之名者。

第三篇

進化的存在體和業力

第十二章　在睡眠狀態時工作

這場催眠是二〇〇二年十月在佛羅里達州的克里爾沃特市（Clearwater）進行，我當時在那裡為博覽會演說。派翠夏是護士，也是協助臨終病患和家屬的安寧療護工作者。開始催眠時，我並不知道她在睡覺的時候也繼續她白天的工作——幫助靈魂過渡到死後的世界。不論是在清醒或睡眠狀態，她都在幫助垂死的人，難怪她的職業帶給她很大的滿足。

當你做回溯催眠的時間跟我一樣久的時候，你就會知道如何分辨個案的描述是否不同於一般的地球環境。個案下了雲端所進入的前世場景可能會是一個城市、原野、沙漠、森林或花園等等，他們的敍述聽起來正常，而且也經歷跟療癒這世有關的前世。如果場景是在另一個星球、次元或者是靈界，線索將出現在他們的描述裡，因此留心傾聽非常重要。我向來是順著個案所說，不會試圖去更正他們的敍述或改變環境地點。他們的潛意識挑選了那個場景讓他們去體驗需要知道的事，因為會對他們這一世有所幫助，雖然我從不知道我們會被帶往何處，但如果這有助我的研究，我很樂意接受這樣的安排。

派翠夏最初的描述聽起來很正常，就像是在地球，但隨著催眠的進行，顯然並非如此。她下了雲端，看見腳下有綠色山丘和藍色的水，聽起來再自然不過。當她的腳碰觸到地面，她說：「感覺非常舒服。這裡很亮，非常、非常亮，但是是舒服的。這裡看起來像花園。**感覺**像個花園，但不像必須有人照顧的花園。它就是自然天成。那邊有條路可以通往不同方向。我在一個公園裡，有綠色草坪，還有可以坐下來的地方。有美麗的樹。水就在我前方。還有沙，是金色的。當我走動時，感覺就像我是這一切的一部分。我現在走在沙上面，但我跟沙不是分離的，我仍然是我。而且只要我想，我也可以走在水裡而不被弄濕。」

喔，這聽起來已經不像是一般的花園了。

派：這裡到處開滿了花。很美的地方。我在走路，可是感覺很不一樣。就像是只要我想移動，我就可以移動。我只要用想的就能做到。毫不費力。

朵：那裡有人嗎？

她突然沒來由地激動起來：「喔，我的家人就是在那裡！」

朵：你說你的家人是什麼意思？

派：這裡感覺是我的家。（悲傷的口吻）我不想離開。

朵：聽起來是很美麗的地方。

派：是的，很美。（她快要哭了，她開始安慰自己：）沒關係，能在這裡就很好了。

這樣的情形在我催眠時發生過許多次，我在《地球守護者》和《迴旋宇宙序曲》裡提過，個案來到一處不像地球的地方，雖然沒有任何需要感傷的理由，然而一看到那裡，情緒頓時湧現，他們感到極度憂傷和一股濃郁鄉愁。即使他們對那個地方沒有意識上的記憶，卻有種回到家的強烈感覺；他們像是在漫長旅程後，來到了一個埋藏在心底的特別地方。再次看到那裡，喚醒了他們所有失落與遺忘的感受。

朵：那個地方聽起來很美。你剛才提到花園有很多路通往不同的方向？

派：是的，通往不同方向。我可以去任何地方，它們都不一樣。(咯咯笑)很不一樣。

朵：為什麼不一樣？

派：(大嘆一口氣，然後輕聲說)為什麼不一樣？很難找到字表達。我們大家就是一直都在那裡。一切是它應該的樣子。很難解釋……我可以選條路或想個方向，也可以和這些人在一起，我們會一起做很多事。我們可以一起創造事物，或就只是純粹地享受在一起的感覺，或是進行幫助別人的計畫，因為這是個特別的地方。我看到天空不一樣，它有顏色，而且不同的地方有不同顏色。我來的地方的天空是金色的。我們可以選一條路到不同的……我們稱為「鄰近地區」，有點像那樣。我可以移動到不同顏色的特定鄰區，而且會是自在的。其他地方我是因為要進行特別的計畫才去。

朵：你不喜歡去其他地方？(我聽出她語氣的不同)

派：不喜歡，不喜歡。但我會去是因為**我的**顏色。

朵：什麼意思？

派：因為我在金色裡很自在。那是很願意幫助、很有愛的顏色。我就是從那裡來的。

朵：那裡的天空是金色的？

派：我是從金色看出去，天空可以是我想要的任何顏色。

朵：你說你會被告知去其他地方進行特別的計畫。

派：我是去執行計畫的。我可以選擇出任務。我不是被迫的。那是建議，我可以拒絕，但我沒拒絕。

朵：那些地方的顏色不一樣嗎？

派：感覺不一樣。不同地方，不同的能量，顏色也不同。我不喜歡較暗的地方。顏色較暗，能量較暗，也較沉重。我不太常去那些黑暗的地方。有些路只有某些人會去，因為他們的能量能夠處理得比較好。但我如果選擇去的話，我也是應付得來。

朵：所以也是有路通往那些比較黑暗的地方。

派：對。我們都會去適合我們的地方，去工作。這是我為什麼來這裡。我想跟較為輕盈的能量工作。(停頓)我找不到適當的字。那些能夠處理較不和諧能量的會去別的路。較暗的路。我不喜歡去較暗的地方。我喜歡在家。

朵：你經常回去那裡嗎？

派：(嘆氣)是的，在我睡覺的時候。

朵：每當派翠夏的身體睡覺時，你能夠回到那裡？

派：是的。派翠夏，這個身體，我現在擁有的身體。我跟這個身體是連結的。

朵：怎麼連結？

派：透過能量。能量進入身體，而這個身體可以容納很多能量，因為我跟這個身體是一起的。

朵：你是說，晚上當這個身體睡著時，你喜歡回到那個地方？

派：我有時候會回去，有時候會到其他地方。我大多是在地球附近……工作。我做很多工作。

朵：當身體睡覺時，你做什麼工作？

派：我幫助那些要回家的人（譯注：這裡的家是指靈界）。幫助迷失的人回家。我在兩個世界之間工作，幫助他們回家。那是我的工作。我能夠支撐這兩個地方的能量。金色光的能量對地球來說很強烈，因此我在這裡協助人們承載金色能量，幫助他們通過這個能量回家。所以我一直都在工作。

朵：這些人不能自己找到家嗎？

派：有些人不能。有的人害怕，有的人困惑，有些人甚至不知道有家。我指引人們家在哪裡。有些人雖然知道有家，但他們害怕，他們膽小。他們不知道要往哪裡找。但這對我很容易。即使我不進去，我也會帶他們到入口，那裡有別人在等候他們。這就是我做的事。

朵：你的意思是，當他們（指靈魂）離開了身體，他們會找回家的路？（是的。）不只是在晚上睡覺的時候，當他們要永遠離開身體時也是。

派：沒錯。有些人很快就要離開了，他們在……我們可以說他們在「練習」，但更像是在學習，因為（嘆了口氣）當很多人離開，那裡會……嗯……不能說是「交通堵塞」，因為那裡不像地球。但有很多人會離開（地球），所以如果他們知道路的話就會容易些。

朵：否則那麼多靈魂同時離開會很混亂？

派：沒錯。我們是在幫助人們學習怎麼回家。

朵：我一直以為當他們離開了身體，回家是很自然的事。他們會知道要往哪個方向。

派：會有幫忙的靈魂。可是當人們是帶著強烈的困惑或恐懼的能量離開人世，那個情緒體並不會馬上消散。也有些時候，他們就是沒有看到回家的路。甚至在他們離開（人世）前就有協助的方法。我們可以稱為演練，或是教導，也可以說是指引。

就是這麼回事。

我在《生死之間》提到，當人們死後，靈魂會離開身體，開始它朝向光的旅程，這時會有「迎接者」迎接。我向來都假設這些「迎接者」是亡者已逝親友的靈魂，或是那個人的守護天使，或指導靈。現在看來，這項工作也由仍在世的人（的靈魂）執行。這個工作是在我們晚上入睡後，靈魂出遊時進行。至少派翠夏是如此。她說她的工作是引導亡者到達「另一邊」的入口，在那裡會有其他靈魂接手帶引接下來的路程。這是因為只要派翠夏的銀線仍與她的身體連結，她就無法執行全程。

朵：你知道他們是很快就要離世的人？（是的。）你怎麼知道他們的大限已到？

派：因為那是他們的計畫。他們不是都知道，但他們的高我是知道的。所以會有人跟他們工作，不是跟他們的物質體／肉體，而是跟他們身體連結的靈魂那部分，因為我們有許多層面的存在，有部分在靈魂層面，部分在物質世界和靈魂世界之間，也有部分在物質世界。有些人沒有跟他們的靈魂部分連結，或者說他們並不**知道**有這個連結更為適切。因此我們幫這些人演練。那麼當時候到了，他們就知道要如何移動。他們知道要如何感覺，也會知道要怎麼感知靈魂部分。

朵：但他們不必走完全程，只是要讓他們知道路。

派：喔，沒錯。只是讓他們知道路，這樣到時對他們會比較容易。他們有聚集的地方。

朵：你說聚集是什麼意思？

派：這些人被帶去地球附近屬光的地方。有很多這樣的地方。我們在做準備。

朵：可是你怎麼知道他們的時間已到？你有被告知？

派：對，因為我和絕大多數人不同。我是志願從家來到這裡，來做這件事。

朵：可是我們不都是從家過來的嗎？

派：是的，我們都是，但是是來自不同的路。不是所有人都是從那條金色能量的路來的。

朵：這跟個人的發展有關嗎？

派：跟你接受了多少你的靈性有關，因為我們都有一樣的靈性。沒有哪個人比別人有更多靈性，是看你接受了多少。

朵：我以為回家是很自然的事。所以……當離開身體後，他們並不是都知道路，知道要往哪裡去。

派：沒錯。當發生時的情況混亂，或是那個人害怕死亡，或不想走，便會如此。因此我們會有「排練」。並不是跟到時情況一模一樣的排練，而是讓他們事先看到，這樣到時就會比較容易。

朵：如果那個人的意識不想在那時候離開呢？可以改變心意嗎？

派：不是都可以的，不是。有時可以延後，有時或許不行。要看是什麼合約。有的合約涉及許多人參與的特定事件或情況，那麼就不能改變那個合約。有些合約則可以有別的時間和情況的可能性。這要看合約。

朵：你也知道人們向來都不想死。（沒錯。）所以即使靈魂知道計畫，但人類身體還是會想緊抓著生命。

派：是的。但有時候這沒得選擇。意外、災難，或甚至像中風、心臟病發的個人事件，很多時候是不能改變的。那樣的事件在他們的合約裡。

合約就是當你還在靈界，還沒再次進入身體前所立的協議。《生死之間》對此有更多說明。

朵：你剛才提到有好多人會一起離開？

派：感覺起來是這樣。（嘆氣）我去年（西元二〇〇一年）在九一一事件發生前就有這個感覺。那時有很多存在體在這裡，但我不明白是怎麼回事。地球上的我感覺到了，我感覺有很多很多存在體來幫忙。不尋常得多。我那時感覺到這些靈魂幫手在這裡。我感覺他們在幫助人們。我現在也有這樣的感覺，我感覺會有更多靈魂幫手過來。

朵：你是說由於死亡時的困惑，他們想指引這些罹難者往正確的方向？（是的。）要不然那麼多人離開一定會很混亂？

派：是的，有太多……驚恐的能量。當時有很多靈魂在這裡幫忙。

朵：你那時候也有幫忙嗎？

派：（輕聲）是的，我有。

朵：會不會有些人並沒有事前排練？因為事情發生得那麼突然。

派：**所有**的人都排練了。

朵：每個人在另一個層面都知道自己的時間到了？

派：是的，所有的人都排練過了。這是為什麼那些必須在災難現場的人會在那兒，不該在的人就不在。

朵：所以有奇蹟式地逃過一劫的故事。

派：沒錯，那也預先排練了。有的排練是為了那些在當時不該離開的人。目前有很多可能性（指未來），我並不想看到這些可能性。

★　★　★

二〇〇四年我收到一封原出處不明的電子郵件，我認為很適合放在這裡：

九一一之後，有家公司邀請在雙子星大樓攻擊事件中存活下來的其他公司的員工與他們一起共用辦公空間。在一次早晨的聚會，安全室主任告訴大家倖存者的故事。所有的生還者都是因爲一些**很小**的事情而倖免於難：

公司主管那天遲到，因爲他兒子的幼稚園那天開學。

另一個同事之所以能夠生還，是因爲那天正好輪到他去買甜甜圈。

有位女士那天上班遲到，因爲她的鬧鐘沒響。

有個人遲到是因爲紐澤西收費公路有一起車禍事故，他就塞在那條路上。

有個人錯過了他每天搭的那班公車。

有個人因爲食物灑到了衣服，她必須花時間換衣服。

有個人的車子就是怎麼也發不動。

有個人折返回去接電話。

有個人的小孩出門前東摸西摸，拖延了原本該出門的時間。

有個人就是招不到計程車。

最不尋常的故事之一是某人那天早上穿了新鞋去上班，途中轉了巴士又搭地鐵，但就在快到辦公室時，他的腳起了水泡，於是他去藥局買ok繃。這就是他今天還活著的原因。

現在每當我塞車在路上、錯過了電梯、折返家去接電話……遇到所有那些令我心煩的小事時，我會在心裡這麼想：這就是老天要我在這個當下所在之處。

下次當你的早晨似乎不順遂，你的小孩慢吞吞的，你找不到車鑰匙，所有紅燈都被你遇上時……不要抓狂或感到沮喪。

老天正在看顧著你。

願老天繼續以這些惱人的小事來庇佑你，也願你記得這些小事背後的可能意義。

（對我來說，上述情形聽起來像是生還者的排練。）

★　★　★

朵：你說你感覺明年會有很多人離開？（對。）這只是許多可能性之一，還是確定的事？

派：我說的那個發生的事件……去年（二〇〇一年）的事（指九一一），是先在我們所稱的「乙太」層面發生，然後進入物質層面。現在在以太層面有很多事件，有些大，有些小。有很多不同的可能性，連我們這些目前跟可能性工作的人也不知道哪一個會顯現在物質世界。因為現在的時間是……我現在看到一個圓圈，就好像所有一切都被含括在這個光的圈圈裡。它代表整體，神性，靈魂。它代表萬有一切。在那裡有很多可能性，我們不必現在知道。我感覺我們正做出改變。不是所有可能性都會顯化。我現在不去理會了。感覺舒服多了，因為之前想這個問題並不好過。

朵：如果你是在幫人們為明年的事預做準備，若情況改變了呢？因為有那麼多可能性和機率。

派：這就是美妙之處。我們協助人們一點一點地看到更多的光，瞭解他們是誰，因此當時間到了，他們不會害怕。也因此不論發生什麼都沒關係，因為他們認識自己真實的光的時刻一定會到來。他們將進入更偉大的擴展。因此到時是怎麼發生的並沒有關係。協助人們的那部分的我知道這點。我們有很多不同的方式進入那個更偉大的光。我們會去那裡。我們很快都會到那裡。

朵：多快？是指最終嗎？

派：很快……這一世肉身後。

朵：可是每個人這一世的生命長度都不同。（沒錯。）

聽起來她有可能是指揚昇到另一個次元，也就是當我們身體的頻率和振動改變了，我們會變成純粹的光。這件事在我做過的許多催眠都提過。本章和後續章節會有更完整的討論。

朵：稍早前你說可能會有災難發生，很多人會在災難時離開。

派：那是可能的。不同的門徑會打開。雖然很難說是怎麼開的，但會以不同方式開啓，這要看我們需要它們怎麼打開。會有很多選擇要做。

朵：可是災難的發生會使更多人同時離開。

派：沒錯，但屆時會有開口和路徑，會有許多人能夠通過光（到另一個世界）。就像走在我家的路上一樣。

朵：那些困惑而不想離開的人呢？那些不瞭解發生了什麼事的人會如何？

派：他們的身體已經死了，但有時候他們並不知道，因為他們的能量體依附著肉體，他們以為他們還在肉體裡。他們感到困惑，不知所措。但會有很多靈魂幫助他們。我們幫助這些人的方法是送出能量擁抱他們。當我們的能量擁抱他們時，他們感到平靜自在。由於他們之前有過這樣的感受，他們會注意到。雖然他們的能量很混亂，但他們會開始感受到這個舒緩的撫慰，因為他們的靈魂感受過，因此會注意到這樣的感受並瞭解是怎麼回事。所以我們的工作是在幫助這些人。災難時的能量很混亂，就好像所有的振動都開始不安起來，因此你必須帶入安慰和舒緩的能量，讓他們感受到撫慰並減輕能量的混亂。那些過程中沒那麼困難的人，他們的心是平靜的，他們跟內在靈魂是連結的。會有更多的人前來（協助）。這就是我們在做的事。這是我們為什麼跟人們工作，他們自己的靈魂就是途徑，他們透過自己的靈魂到達更高的振動。這樣他們就能平靜地回到家。

朵：那人們的信仰體系呢？而且信念不是在某些方面會妨礙這個過程嗎？

派：有時候會。這是為什麼會有恐懼（譯注：指人們在世的信念和信仰的教條帶來恐懼），那些有愧疚的，覺得自己有罪的，那些害怕他們所稱的「上帝」的人，他們因為羞愧，在過程中感到害怕。他們被教導要害怕死亡、害怕地獄，這使得他們不敢擁抱光，而光就是愛。愛才是主宰，而愛就在家裡。

朵：他們認為那個光是不好的。

派：他們是這麼想沒錯。但我們全都是愛。只是我們人類這部分很具可塑性，很容易被操弄。就像黏土。有時人們會變成他們不是的樣子，那麼他們就很難看到回家的路。

朵：人們被他們的文化和教育影響。

派：這是我們的部分課題。以不同的方式學習。

朵：你剛剛也說到其他的路是別的計畫。這是你的計畫，那麼其他道路是什麼計畫呢？

派：（嘆氣）那些人……存在體……（不確定要怎麼說），如果你用石膏包住某個東西，然後等它乾硬……裡面是美麗的寶石，但被灰暗、難看的石膏包覆住了。這就是那些人的寫照。他們不知道自己內在的美麗，他們以為自己既黑暗又醜陋。我們有偉大和滿懷愛心的存在體在幫他們。那個計畫跟我在這裡進行的工作很不一樣。

朵：那樣的能量是仍在肉體世界的人，還是他們死後的能量？

派：不，他們不在這個你所稱的地球。

朵：他們在哪裡？靈魂世界嗎？

派：對，那裡也是屬於能量的地方。一切事物都是能量，但那裡的振動跟你們的不一樣。那裡的能量很稠密，甚至比這個星球還稠密。

朵：那些靈魂做了被認為是負面的事嗎？（是的。）所以他們才在石膏裡。可以這麼說嗎？

派：沒錯，是這樣的。因為他們很喜歡負面的事。傷害人，或是做會讓別人感覺不好、讓別人看不到光的事情。他們喜歡黑暗。所以那是他們的道路。他們會一直這樣，直到他們改變。

朵：要幫助這類靈魂的存在體必須要很有耐性才行。

派：要有大愛和光。

朵：還有奉獻精神。（沒錯。）那些負面靈魂會被允許輪迴嗎？

派：不行，現在不行。不行。

朵：有人告訴我，這類靈魂如果輪迴會把那樣的負面帶回來。

派：沒錯。他們現在並沒有輪迴轉世。他們尤其不能來地球，但他們也不能去其他地方，因為這是項長期計畫。轉化必須要發自內在。那些偉大的光的存有和他們在一起，那些光體閃耀著光。他們（指負面靈魂）必須經歷這樣的黑暗，這需要時間……不是時間，是振動的改變。這是發生在別的地方。他們不能在這裡（指地球）。有些現在還生活在**這裡**的，可能之後會去那個地方。我們就要來到圓圈裡的一個點。我可以看到。那是個圓圈。不是缺口。我們將來到那個點，從那裡我們會移到另一個地方。到了那個地方，大家又會依各自的振動，依各自的能量到不同的地方。有些人也許必須去那個黑暗的地方。

朵：因為他們在地球上所做的事？

派：對。要去的不是很多。

朵：但這就跟業力有關了，不是嗎？

派：是的，跟業力有關。我們是可以這麼說，但那其實是他們的能量。那不是懲罰，因為他們會想去那裡。那是他們覺得自在的地方。

朵：他們不是被迫去的，並不是像教會教我們的那樣？

派：不是，是他們想去。那不是懲罰。

朵：他們想要在黑暗的地方。

派：喔，是的。可是他們仍然有他們的光，因為我可以看到他們內在的光。光一直在，但被灰泥掩蓋了，而他們以為他們是灰泥。

朵：但他們不會再回來地球了，因為地球在改變。

派：沒錯。這是為什麼他們不能再來了。事情已經有太多變化。他們看不到光，他們看到的是黑暗。可是透過振動的改變，透過這些偉大靈魂願意幫助他們，他們開始允許內在的光閃耀。而當內在的光與外在的光連結，黑暗就消失了。不過這需要時間，不論需要多久。當他們內在的光再次閃耀，他們就能去別的地方，而且可以一再的去，讓他們的光派上用場。因為這一切都跟發揮光有關。我們除了來地球，也會去別的地方。我們在這些地方來來去去。現在地球已經快要到那個圓圈開口的點了。這都是能量（的關係）。那是一個不同的地方。不同的能量。那是……我們來看看（試著在尋找適當用語）。那不是**家**，可是它**像**家一樣。家就是我們所來之處的能量。

朵：最初的能量。

派：是的。在地球這個星球有很多不同……層級（不確定是否是正確的用字）的能量。人們的能量將被重新定向。重新定向。因此會有些人所選的路是去不同的地方，那是他們感到自在的地方。

朵：所以不一定是回家，而是去其他地方。

派：沒錯。而有一些會回家，像是那些來幫忙的，因為他們去別的地方並沒有意義。他們來此的唯一目的就是幫忙。這也是我的目的。

朵：這些靈魂會回家。（是的。）但其他的到了死後世界會有不同的目的？（沈默）你說地球快要到圓圈開啓的那個點了。

派：那將會打開不同的通道，不同層級。人們將去他們覺得自在的地方。當他們的時候到了，他們會在那裡做出其他選擇和決定。

朵：這都要看他們在世時的行為嗎？（是的。）所以這也牽涉到因果業力。

派：對。業力表示能量的平衡。沒有人需要被懲罰。我們現在是在宇宙一處非常特別地方的一個非常特別的計畫裡……感覺這個計畫會很有收穫。

朵：我向來覺得每個人在每一世死後就會回家。他們會去你描述的地方。

派：對，但家對每個人來說是不一樣的。對某人來說的家跟其他人的家並不同。雖然都一樣是（靈界的）家，但是在不一樣的層級。這是我的意思。

朵：所以你之前說有些人會看到、被帶到別的路。（對。）回家和回靈界並不一樣。

派：他們先去靈界，然後他們會選擇去別的地方。這個星球是去靈界（譯注：指非實體的精神次元）。

朵：整個星球？

派：某方面來說是的，因為地球將覺察到本身的較高振動。

朵：對，我聽說過。他們說地球本身的振動，地球的頻率正在改變。

派：是這樣沒錯，這是為什麼我在這裡。還有很多存在體也在這裡，因為有很多不同振動頻率的人在這個星球。很多靈魂來這裡幫忙。

朵：我聽過這整個星球將有靈魂大規模的遷移，是真的嗎？

派：我看到的是這樣。

朵：但有那麼多不同振動頻率的人，執行起來會很困難吧！

派：所以才有那麼多條路。知道嗎？那就是通道，看起來像是圓圈，而開口就是在那個圓圈。當到達開口時，他們會進入圓圈，但各自前往圓圈裡不同的地方，進入不同的路徑。每個人都會到他應該在的地方。在地球周圍還有另一圈存在體，他們都是美麗的能量。他們是協助地球層面的美麗存在體。他們不是我們的天使，他們是我們所稱的「已揚升的存在體」，他們已經歷過這些，他們已經通過了這些能量，他們現在正在擴展他們的能量作為我們的通道。他們就是我稍早提到的存在體。

現在是我為派翠夏詢問她的問題的好時機。我知道我不必請潛意識出來，因為從催眠一開始，我就一直在跟她那個知道所有事情，具有所有知識的部分在交談了。

朵：派翠夏提到她在冥想時一直看到金色和白金色的存在體。他們就是你說的在幫助地球的存在體嗎？

派：我看到很多不同的存在體環繞地球。許多不同顏色的振動。我看到藍色、白色和紫羅蘭色，還有金色、銀色和白金色，這些全是充滿愛的能量，他們都是來這裡幫助我們的。不同的顏色協助那些跟他們振動相同的人。

朵：所以我們都有不同的顏色和振動？

派：顏色就是振動。

朵：這些存在體被不同的顏色吸引？（對。）所以這些靈魂幫手跟天使並不一樣？

派：沒錯，不一樣。天使也跟我們在一起，但這些靈魂不同，因為他們瞭解我們的經歷。這些靈魂有很多都經歷過這個過程，不論是在這個物質世界或其他類似的世界。他們瞭解要穿越／通過不同頻率的層面是怎麼回事，這就是他們在協助的事。

朵：如果像你這樣的保護者或靈魂幫手是來幫助人們，那他們的目的又是什麼？

派：他們來幫助我們，幫助靈魂幫手。他們就像是降低能量的能量變壓器。地球上有很多人無法承受或感受到這些偉大存在體的能量，但有人可以作為中介，所以我們就是這中介者。

朵：當派翠夏進入這一世時，她知道她將要做這些事嗎？

派：不，派翠夏不知道。派翠夏的**靈魂**知道。

朵：是的，肉體層面是最後才知道的。

派：對。派翠夏把自己封閉起來，這樣她就不會知道。她經歷了許多事，終於必須站出來告訴自己：「好，我不再封閉自己了。」她也跟金光連結了。那是她的能量。

朵：但身為人類，我們在意識上並不知道自己所訂的協議，也不知道這些連結。

派：是的。但她感受到靈魂家族。她也知道**家**，她非常清楚。有時候她想回去。她曾經強烈渴望回去，想要離開這一世，但她怎麼也無法自殺。

朵：因為我們有合約，不是嗎？

派：是的，她也知道她必須在這裡。有事要做。所以她留下來了。而她終於對自己是誰有了真正的瞭解。她在關係上的許多問題都是因為合約的緣故。

朵：是怎樣的合約？

派：如果她做那樣的選擇，會是很辛苦的路。那是個選擇，她並不是非得那麼做，但她選擇了。

朵：你的意思是有選擇的，而她選了比較困難的那條路。那麼另一條路是什麼？你能看到嗎？

派：可以。我想她年輕時就會死了。

朵：你為什麼這麼認為？

派：因為……這很複雜，但該是她知道的時候了。我必須找到適當的用語。如果她選擇了容易的那條路，她的肉體生命就無法得到必要的知識去幫助這麼多人。接受困難的道路使她學到很多經驗和知識，許多人因此能夠受益。她不是一定要這麼做，她可以只從另一邊的世界協助。從家裡。某方面來說，這很好笑，因為她一直想要回家，而她就是在幫助靈魂回家。那是她的工作。

朵：而且她在晚上真的有回家，雖然她不知道。

派：對，她會回去。她的身體承載那麼多能量，有時會很辛苦。雖然她很健康，她必須小心照顧自己，因為她的身體承載太多能量了。現在她更要小心，尤其能量的振動越來越高。我現在看見她的身體充滿金色的光，正轉成金色的能量。她可以做到的，她將會承載越來越多的能量，轉成更多更多金光，她來自的地方就是金光。隨著肉體承載越多金光，她能幫助更多人移向金光；幫助那些選擇這條道路，也就是選擇金光高速道路的人。現在已經接近尾聲，快到最後時日了。

朵：你說「最後時日」是什麼意思？

派：我們就快要到圓圈裡的那個地方了，我們將從那裡各自到不同的去處。

朵：你說當她的身體在睡覺時，她在靈魂層面協助那些將死之人，幫助他們過渡到死後的世界。（是的。）她在實體世界也是安寧療護工作者。

派：她做了很多事。她可以感覺到兩邊的世界。她向來都能感受到這兩個世界。

朵：這是為什麼她對安寧療護的工作感到自在？因為她睡著時和另一個世界的連結？

派：喔，是的。她很高興能幫助人們回家，因為她知道回家有多美好。

朵：這是一定的。在靈魂層面工作比較容易，是嗎？

派：是的，對她來說比較容易。

朵：因為當你在實體世界幫助即將臨終的人，你會遇到肉體的干擾——我想說的是肉體上的設定。

派：人們會感到恐懼，在實體／肉體層面有很多恐懼。她就是在幫人們克服恐懼，因為她自己並不恐懼死亡。當人們和她在一起，他們感受到她的真理，因為她很真實，那就是她。她連結愛的能量。

朵：這樣她就能更有效率地幫助人。但她在地球曾有過其他轉世，不是嗎？（沈默）因為你說在她以派翠夏的身分在地球生活的同時，她也存在於靈界。

派：感覺是這樣沒錯，但實際上不是。**部分**的她有過其他人世，但派翠夏沒有，派翠夏是她靈魂的其他部分（譯注：這涉及靈魂切面和「超靈」的概念）。

朵：可是我們認為這就是轉世。

派：是的，某方面來說是這樣沒錯，但是是不同的。（她努力在找適當的字）她的靈魂擁有許多許多具有重要靈性意義的轉世生命。那些轉世生命帶給她靈魂那些世的能量、知識和收穫。因此現在是派翠夏的這個部分，攜帶了自那些人世所獲的各類經驗。她必須記得她一直是和家相連的，她一直與她的家人（指靈魂家族）連結，而且她是被珍愛的。

★　★　★

另一場二〇〇二年十月在明尼阿波里斯（Minneapolis）的催眠也有類似內容。我當時在明尼阿波里斯進行一系列講座和工作坊，結束後就要立刻飛往澳洲和紐西蘭。這次催眠的主角是一位退休老師，我稱她為艾達。

如同我說過的，通常我的方法是請個案去一個自己選擇的美麗地方，由此展開視覺畫面，然後我會說完導引詞，包括帶引他們走下雲端。在艾達的這個案例，她並沒有讓我完成導引。她當時形容她看到的美麗地方，但聽起來不像是在地球。在我還沒意識到她並不需要接下來的導引詞之前，她便已進入很深的催眠狀態，而且開始在敍述了。這種情形偶爾會發生，我也已經學會要如何分辨並繼續進行。我打開麥克風的錄音。她正在描述**她的**星球上的美麗花園，那裡充滿了光。

艾：到處都有美麗的光體在走動。這裡只有愛。好美、好平靜、好和諧。我就是從這裡來的。

朵：你說有個花園？

艾：喔，對。好美的花園，閃耀著上帝的金色光芒。它有明亮的光，還有全然的平靜、愛與和諧的頻率和能量。花園裡有美麗的金色噴泉。看起來像水，但流動的是上帝的本質。純然的美、愛和喜悅。

這聽起來跟一個禮拜前派翠夏所描述的地方很類似。

艾：我們**都是**光體。我們以本質和振動頻率來辨認對方，這裡不用語言溝通。我們不用說話。我們用振動來傳達和接收想說的話。這裡就是我來自的地方。這裡是全然的喜悅、平靜與和諧。我在睡眠狀態時會回到這裡。我和議會見面，討論我必須在地球層面做的工作。

朵：這個議會在哪裡？

艾：也在這個星球。我們在這個美麗的花園會面。

朵：這是發生在你睡覺的時候。

艾：是的。在我睡眠狀態時的頻率。雖然我的肉體和心智不記得，但這是一直發生的事。我在睡眠狀態時也會去工作。我們檢視我在地球層面跟各種生命體的互動。每當哪裡需要幫助，我會被引導並被指示去做我必須做的工作。

朵：你幫助和互動的人是你認識的，還是……？

艾：有些人我認識，有些不認識。

朵：你在晚上跟這些人見面都給他們什麼指引？

艾：我在很多層面跟他們合作。我跟他們的心靈合作，灌注他們思想模式，好讓他們在日常生活有所改變。我也療癒他們，我運用療癒的頻率和能量幫助很多人。我也到戰區協助傷患。我幫助痛苦中的人。我在阿富汗做了很多事。（二〇〇二年）

那個國家有好多創傷。不只是在那裡的美軍和維安部隊，當地人民也是。他們不曾有過那麼多炸彈從空中落下，對土地造成那麼大的傷害與破壞。那裡徹底被蹂躪了。但大半情況都沒被你們的新聞或媒體報導出來。

朵：我相信。我們並不是真的明瞭那裡的情況。

接下來的催眠預測了隔年二〇〇三年在伊拉克爆發的戰爭，內容非常正確，但我還沒決定是否要放在這本書裡。這章探討的是我們在睡眠狀態時所做的工作，而我們的意識並不知道；我只想包括與此相關的內容。無論如何，我們被警告會有許多人在戰爭中死亡，像艾達這樣的人在睡眠狀態時會非常忙碌，因為他們要引導亡者前往正確的方向。

★　★　★

靈界有很多學校，這部分在《生死之間》討論過。最高階的學校位於智慧殿堂，那裡有可以學到所有已知和未知事物的學習大會堂。艾倫·艾伯拉森（Aron Abramsen）所著的《天堂假期》也提到這些地方。

很多靈界的老師都是高階的靈體，他們已經完成業力，不再需要回地球學習更多課題。他們可以教導並訓練他人。通常成為靈界指導者的訓練是開始於靈魂離開地球層面之後。指導者和長老看過那個人的生命回顧後，決定他是否已準備好升級。然而，地球上的事物正在快速改變，因此訓練也必須隨之調整。現階段的地球有許多問題，因此有很多進化的靈魂投生於此。他們並不是來此處理自己的業，而是要幫助仍在物質界域的人。當然，他們在意識上並不知道自己是因某個特定目的而被派來地球的進化靈魂，但我在催眠時遇到越來越多這樣的人，他們的潛意識也不再猶豫地告訴他們，他們有工作要做，他們最好開始進行，不要再浪費寶貴時間了。我早期的催眠個案在出神狀態下並沒有提及這樣的事，但現在幾乎每個個案都會提到。潛意識強調時間越來越不夠了，個案必須著手進行他們志願來此的工作。

由於很多進化的靈魂已經回到地球層面，有些靈魂訓練是在睡眠狀態時進行。這些靈魂接收的某些訓練是幫助即將經歷死亡過程而離開地球的靈魂。這些在睡眠狀態工作的靈魂會有更具經驗的引導者從旁協助；直到有了足夠的訓練或經驗，或自信能夠處理了，它們才會被派獨自工作。這些靈魂的主要工作是引導離世者往正確的方向前進，而且不再困惑，好讓更有經驗且適當的「迎接者」接手之後的事。此外，這些協助者不能超越某個點，除非他們離開人世身體的時間已到。

★　★　★

我在工作中發現我們真正的部分——我們的靈魂或精神體——從來不睡覺。身體是那個會累和必須睡覺的部分，靈魂則沒有這個需要。我總是說：「靈魂對於要等待身體醒來繼續生命感到無聊。」所以當身體睡著時，靈魂自己會進行許多不同的冒險。靈魂能旅行到世界的任何地方，或去靈界跟指導靈、大師和長老談話以獲得更多資訊，靈魂也會上課和受訓。

我有許多讀者跟我說他們夢到自己去學校上課，我向他們解釋這很可能是真的，因為靈界是靈魂最喜歡一去再去的地方。靈魂也能到其他星球或別的次元。一般說來，意識對這些旅行並沒有記憶，除非記得夢到飛行或是到了不熟悉的地方。這跟靈魂出體的體驗是同樣的，我們可以訓練自己靈魂出體並記得出體的經歷。當靈魂在肉體生命時，它跟身體以一條銀線連結，這條銀線在你活著的時候就像栓繩一樣把你跟身體連繫在一起，直到身體死亡後才會斷開。這條銀色臍帶在肉體死亡時被切斷，靈魂便被釋放回「家」。當靈魂在晚上離開身體時，它一直都是跟這條臍帶連結的。當身體必須醒來繼續它的生命時，靈魂會感到銀線的拉力，於是被「捲進」身體，靈魂在那一刻回到身體，接著身體就會醒來。

許多人跟我提過有時在將醒時經驗到的奇怪感覺，那個感覺也會發生在身體即將睡著的時候。他們說他們會暫時癱瘓，這讓他們很害怕。有位女士說她的醫生告訴她，這是一種稱為「睡眠窒息症」的嚴重情形，然後收取一千七百美元進行睡眠測試。事實上這一點也不複雜，它只是偶爾會發生的自然現象。

當靈魂離開了身體，身體功能的運作便由大腦的另一部分接管，就跟自動駕駛一樣。靈魂回來後，大腦和身體的聯繫需要重新連結。假如身體醒得太早，在與大腦的連結尚未完成前醒來，身體會暫時感覺無法動彈。我曾調查過一些案例，睡著的人在靈魂還沒完全回到身體前，就被環境裡的突然噪音給吵醒，這時如果他們能夠放鬆幾分鐘，一切就會回復正常。這個現象也會發生在靈魂剛離開身體的時候。這顯示靈魂和身體雖然確實是分開的，但也是一體。身體如果沒有內在的生命火花就無法生存；然而靈魂或精神體沒有身體也能存在。死亡時，靈魂離開身體，而靈魂與身體的連結一被切斷，身體便開始毀壞。沒有了靈魂生命，所有的身體系統功能便被關閉。而當銀線在身體死亡時被切斷，靈魂也就無法再回到身體裡。

這次的催眠療程一如其他的催眠，讓我們看到「真正」的自己，也就是靈魂在身體進入睡眠狀態時，不但會去旅行和探險，也會執行工作。顯然我們對於自己在星光體狀態下做的許多事都完全沒有意識。

就如我在某次的催眠被告知的：「這些事無論如何都會發生，你控制不了。它們是你們沒有覺察到的那部分的存在，你無法對這部分做什麼，那是很自然的事，因此你也無須擔心。」輪迴和其他形上學的概念也跟這個道理一樣，不論你相信與否，它們都會繼續存在和發生。我被告知我們永遠也不會完全了解這樣的複雜性。不可能。無法了解的問題是出在心智，不是大腦。是心智。人類的心智就是無法理解全部的概念。也因此，這些浩瀚知識向來是一點點碎片式地提供給我。隨著時間過去，我們似乎被允許知道更多，而且也努力去理解。然而，這就像是透過時空之牆的一個小裂縫去窺視一樣，我們被允許看到的，只是全貌裡一個非常微小的部分。

★ ★ ★

當靈魂選擇回到地球，開始另一次在肉體的人類生命循環時，它是帶著這次想要完成的計畫而來。靈魂已經和長老和大師見過面，仔細檢視過之前離開的那一世，並據此做了決定、計畫與目標。它和有業力償還關係的相關靈魂達成了協議，有了那些靈魂的同意，它就可以解決特定的事並學習特定課題。靈魂帶著包裝得像聖誕禮物的理想計畫回到地球。問題是，這是一個有自由意志的星球，這就是為什麼地球這麼具挑戰性。所有的人都帶著自己的小計畫來到地球，但也因為自由意志，這些計畫、希望和恐懼有時會產生衝突。此外，當靈魂進入肉體，這些最初計畫的記憶便被抹去，只有潛意識記得。有一次我問為什麼我們無法記得？如果記得的話，不是一切就容易些了嗎？我被告知：「如果你知道答案的話，那就不是測試了。」

於是我們來到地球，認為自己已經準備好要面對橫亙在朝向目標、夢想和抱負的挑戰，然而我們常常不像自己所想的那麼**準備好了**。從「另一邊」看來，總是比較容易。而當我們實際過著令人沮喪的肉體生活時，我們困陷在人類的各種日常事務。但願我們都能解決問題，通過地球考試而順利晉級。如果搞砸了，我們就必須重新來過。在還沒完成這次課程並通過考試前，我們無法升級或是到下個年級。你可以在這個地球學校留級，但你不能跳過學級。學校的規矩和規定雖然嚴格，學校教師也很嚴厲，然而這些教師也非常仁慈、公正，並且很能體諒。

正如我們帶了計畫來到人世，我們對於如何離開也有計畫。每個人在進入人世前，就已決定了要如何離開，而且決定時並不帶任何情緒。你們也必須如此理解。意識層面並不知道這些計畫；也許不記得是明智的。人們總說他們不想死、不想生病、不想離開所愛的人，他們會強烈否認是自己計畫了死亡。但這全都是計畫的一部分，而這個計畫遠超過我們的知識與瞭解。因此，要以我們人類受限的心智來看這件事的唯一方法，就是要放下所有情緒。

靈魂決定離開身體的時間有著各種不同的原因。一個原因是它已完成它的目標和計畫，並處理了這生所需解決的業力，它因此沒有繼續人生的需要。在另一些案例，靈魂認為如果自己不是他人的負擔，他人就能進步得更快，在這樣的情形，靈魂會決定放棄自己更進一步的發展，好讓太過依賴他的那些人可以獨立，換句話說，可以「長大」。這些原因通常不是那麼顯而易見，但在深刻省思後可以得知。

另一個有趣的情況是有些人的生活被一連串事件給卡死了，要轉變現況以完成他們的目標已經不可能。也許他們未能達成人世目標是因為透過自由意志做了不適當的選擇，而他們決定以死亡來脫離這個情況，然後重新來過；希望下一回不再困陷於同樣情境。

對於上述情況，有個有趣且較適當的選擇是以另一種方式「死去」。假設某人因受困於一連串事件而無法完成此生的目標，但選擇死亡再轉世重新來過會太浪費時間，也或許所需要的實體條件在另一個時間線不會存在。與其死去，他們決定以另一種方式創造生活裡的死亡——透過失去他們所珍愛的一切，尤其是他們擁有的物質財產。這也可以讓他們因此專注在生命裡真正重要的事上，而真正重要的，並非擁有的財物，不論他們握得多緊。由於原本擁有的一切都被拿走，他們就能重新來過，開始朝生命中的真正目標努力，去做他們來此真正要做的事。他們因為變得太專注於物質世界，因此一切要被拿走才行。沒有了這些物質干擾，他們就能朝正確方向前進。這樣的事件曾發生在我的家庭成員身上。透過一連串超乎他們所能掌控的奇怪境遇，他們失去了跟物質有關的一切事物；房子、生意、工作和所有財物。當時看來就像是殘酷的命運或上帝的懲罰，實在難以理解。然而時間證明了那是催促他們前往另一個方向的方法。他們原本就該往那個方向，卻被困在另一種生活方式裡。

人們說，當一扇門關了，另一扇門就會開啟。在這個例子，門不僅關了，而且還是被狠狠關上。他們別無選擇，只能走向另一個方向。沒有回頭路了。許多時候，看似的災難往往是偽裝的祝福。

有位個案的例子也顯示了另一種極端的解決方法。在訪談時，他告訴我發生在他年輕時的可怕事件。他在一個大城市的小巷裡被歹徒猛刺多刀。他後來努力爬到街上，被人發現並送醫。他差點死掉，在醫院好一段時間才復原。他來找我催眠的原因之一，就是要知道這個可怕經驗的目的。為什麼會發生這種事？

當我問潛意識這個問題，答案出人意料。它說：「喔，那是一群志願要幫他的朋友。」我納悶，有這樣的朋友，誰還需要敵人！這不像是朋友會做的事。潛意識解釋，這是從「另一邊」精心策劃的事件。這個人的生活已經走偏，如果不採取激烈的行動反轉人生，他便無法回到正軌。它們一直用許多微妙方式企圖引起他的注意，當這些都徒勞無用時，它們安排了這次的攻擊。是的，這樣的方式很激烈、戲劇化，並且難以解釋，但這顯示宇宙會盡一切方法來扭轉某人的人生，而不用他們離開肉體生命。如果連這個方法都無效，可能才會是死亡吧。

一旦靈魂決定離開肉體的時候到了，它便會安排死亡事件。我的回溯資料裡有個有趣的論點：醫療體制是今天我們世界的問題之一。如果有人在醫院裡瀕臨死亡，醫生通常會用所有可用的儀器去維持他們的生存。而他們的家人也不願意他們死去，即使身體已經失去功能，無法支撐生命，而且再維繫下去也沒有意義。因此最快速、最簡單，又最不會被干預的死亡方式，就是死於意外或自然災難等事件。有些離世的方法被稱為「不尋常的意外」，因為非常離奇古怪。我向來相信，如果某人離開的時候到了，就算他是坐在家裡客廳，該發生的還是會發生。有些死亡事件就是飛機或汽車撞進民宅所造成。

二〇〇三年年底，在我撰寫這本書時，伊朗的巴姆城（Bam）發生大地震，死亡人數超過四萬一千人。在本書即將付印前的二〇〇四年耶誕節，印尼海岸發生可怕的九點三級大地震並引發海嘯。根據最新統計，有將近二十萬人因那次海嘯離世。大約在同樣時間，世界的另一端也有多人喪生於土石流和山崩。就如本章先前提到的，人們常常決定一起離開。這些都是在潛意識層面決定與安排好的（或就如派翠夏所說的，「排練」）。那些不該死亡的人也會有奇蹟式地逃離災難，或就是不會出現在災難現場的安排。許多人就曾經剛好錯過班機，或是最後一刻因飛機客滿沒能搭上，或因一通電話而耽誤了出門，後來才發現他們因此逃過一劫。我也相信，我們的守護天使在這一切扮演著重要角色，祂們忙著以暗示，或用出現在我們「腦袋裡的聲音」來向我們示警。有時祂們保護我們的方法也不是那麼隱約。我們必須學習多注意我們的直覺才是。

第十三章 遇見七位使徒中的第一位

這個催眠是二〇〇二年七月，我出席英國格拉斯頓伯里（Glastonbury）麥田圈研討會的演說期間進行。格拉斯頓伯里是歷史久遠的古城，在那裡可以感受到極大的能量。催眠是在離廣場不遠處的下榻旅館進行。個案羅伯特從倫敦坐火車過來。他通靈好幾年了，也寫了一本有關通靈的書。但他覺得他無法透過通靈得到他私人的可靠訊息，尤其是人生方向的選擇，因此想透過催眠來釐清一些事。我向來都是與潛意識合作來協助個案為人生找到最佳選擇。由於羅伯特很習慣出神狀態，他很快就進入得非常深沉。當催眠對象是通靈者、靈媒、療癒者，或是有固定靜坐冥想習慣的人，通常會是如此。他們對改變的意識狀態很熟悉。

當羅伯特被要求到一個美麗的地方，他很快便與某人接觸，因此我不需完成白雲法的正常導引程序。我通常能從個案的回答分辨出他們在哪裡，我也知道什麼聽起來不是一般的美麗地方。如果聽來不像是在地球，通常這時候就會有第一個線索。我開啟錄音機並試著扼要重述他剛才說的話。

他看見自己在一座瀑布邊，那個美麗地方有一位留著銀白色鬍子的老人。這是第一個他不是在一般地方的跡象。羅伯特繼續用非常輕柔，幾乎聽不到的聲音說：「他說，『你很痛苦。來這裡。』他想傳遞知識，他說**我**必須傳遞知識，這知識有部分是他創造的。『你是這個知識的傳遞者。你需要了解這個痛苦。』」

朵：你說痛苦是什麼意思？

羅：它對人類身體所造成的影響。你背負的重擔。男孩。他是在對這個男孩說。這個男孩。

朵：你看見你是個男孩？（是的。）大概多大？

羅：三歲。

朵：他在這個有瀑布的美麗地方？

羅：他現在就在那裡。這地方不必一直都是美麗的。那是分子結構的多次元經驗，有正面和負面的經驗。這個孩子在這裡學習，教導。這地方不僅有花，有活生生的花和凋謝的花。這個演進循環是創造出來的。

他的聲音變得比較大聲了，我從經驗和他的聲調口氣與用字，知道這是某個存在體透過羅伯特說話。這個存在體跟我向來慣於交談的存在體有好些地方不一樣。這位的用詞和複雜術語經常很難瞭解，而且還會造新字。可能是因為不習慣人類的字彙，因此即興創造。這個存在體也顯得比較冷淡，似乎對羅伯特不怎麼感興趣。當潛意識談到個案時，會有一種抽離的觀察者觀點，但這個存在體的觀察語氣是幾近冷酷。隨著我們的進行，它描述的羅伯特有別於我曾經接觸的人類型態。我的首要目的是保護個案，但這個存在體讓我感到不自在，跟它對話辛苦而且沉悶。它的言語表達和術語太過複雜，以致不容易清楚理解，因此我濃縮了催眠內容並試著為大家釐清。

羅伯特的身體開始出現徵狀，偶爾會突然抽搐。我問：「怎麼了？」他沒有回答。我知道如果我不把焦點放在抽搐，抽搐會自己停止，因為這似乎沒有造成羅伯特的身體任何不適。

羅：這個孩子的多次元頻率來這裡學習。他有好幾個跟過去、現在和未來有關的元素，因此可以獲得很多資訊。這個資訊非常重要，放在這孩子身上的負擔有時會非常沉重。這個資訊的重要性轉變為一種振動的能量頻率，因此人類的再極化(repolarization)和他所工作的兩極性能夠產生重組的新過程。

朵：為什麼這個重擔必須放在一個小孩子身上？

羅：這個孩子不是個孩子，他是這個能量的組成部分。這個孩子是你們人類形式背後的實相。而這孩子背後的實相則是他是能量的合成物，這個能量跟人類、身體、精神體、心靈和肉體方面的改變都有關。三次元和非物質世界之間的對抗(fight)是很艱難的，因為人類頻率裡就存在著對抗。除非這個對抗停止，不然這孩子會繼續痛苦下去。而(他的)非知識／沒有知識(non-knowledge)會是必要的。

朵：所以是這個「非知識」造成痛苦嗎？你是這個意思嗎？

羅：是不接受造成痛苦。

朵：但你知道的，人類生命就是這樣，我們生來就是沒有知識的。

羅：這孩子是帶了許多知識來的。

朵：我們很好奇他是否有其他的地球人世？(沒有。)他前世是在哪裡？

羅伯特開始發出一連串聽來像馬蹄聲響的聲音。含糊難懂。這樣持續了大約一分鐘，速度很快，像是在努力要快速傳達什麼，但是是以一種無法瞭解的形式。聽起來不像語言，只是一串聲音。我想要這個聲音停止。

朵：你必須說英語我才能瞭解你要說什麼。

羅伯特發出好幾聲低沉像口哨的呼氣音，像是要止住這些快速迸發的聲音。

羅：我們必須接收能量格式並轉換為這個三次元能量的頻率，這樣他才能重新跟你說話。

朵：但你無論如何都不要傷害這個載具。

每當有奇怪的身體現象發生，我向來都很小心。我總是要確定這些存在體（或不論什麼）知道它們的能量有可能傷害到它們正企圖透過說話的這個人類載具，但我從來不必擔心，因為「它們」似乎跟我一樣（甚至更加）在保護這個載具。

羅：這個載具絕不會受到傷害。傷害是因為這個孩子在三次元的目的而產生，他無法接受他是誰而產生的。他造成自己的傷害。這個傷害來自於外，不是我們。這孩子創造出的物質屬性／身體造成了傷害。我們沒有在這孩子裡面製造傷害。

朵：這是我進行催眠會要求的事，絕不傷害被催眠者。

羅伯特仍然會不時地突然抽搐，就像被電到一樣。這個現象和他對奇怪聲音的身體反應令我擔心。

羅：這樣的事（指傷害被催眠者）從未發生。

朵：好吧，但我很好奇，如果他不曾在地球有過有肉體的生命，那他之前主要的人生是在哪裡？

羅：沒有「人生」這種形式存在過。

朵：他在其他次元也從來沒有過實體的生命嗎？

羅：有，但不在你說的次元。

朵：不在這個次元。（沒錯。）但他來這裡之前是在哪個次元？

羅：一個星光體的次元。

朵：那是實體／物質的次元嗎？（不是。）因為我知道在其他次元裡有實體的城市，也有人居住。

羅：這孩子和現在這時候接受這個生命的載具（指羅伯特）之間有一批資料在傳送，這孩子攜帶這批資料。他是光體。他是以太體。他是物質身體，但不只如此，他同時也是帶著巨量知識的多次元頻率。這個多次元頻率經過各個層次逐漸轉換到較低的三次元頻率。這樣這個孩子才能用聲音形式說出這個知識，以螺旋模式接近並了解這時候和這些層次合作的那些人。

在催眠過程中，這個存在體好幾次都使用「換能器」（transducer）這個字，有時當名詞，有時動詞。我後來終於在同義詞辭典裡找到這個字。它的定義類似「變壓器」，也就是將某種事物改變為不同事物的東西。

朵：我接觸過的人當中有很多也在做同樣的事。（對。）這是發生在他三歲的時候，還是更早？

羅：轉變點，改變，發生在現在。

朵：可是他是生為人類。（對。）當他還是小嬰兒的時候就有這些知識了。（不是。）在那之前……他是什麼？（我試著瞭解）

羅：這個孩子在這個存在和轉換（至三次元頻率）之前，是轉型中的思想格式（thought format），但不是實質的。

朵：不是實體和物質的？

羅：不是，是幻影。

朵：但他是被父母養大的啊。

羅：看起來是這樣，但事實上不是。因為透過使用人類形式／外形（form）並沒有違反人性或創造過程。你現在看到的（他的）人類形式是一個創造的過程，不是真實的。它是虛構／虛擬的事物。我們不會在現在這個時間點延長這個虛擬。它是幻影。

羅伯特的身體就躺在床上，真實且可觸摸，這不是幻覺。我希望在這場催眠結束前可以釐清這段話。

羅伯特要求探索的事件之一是他記憶裡發生在三歲的事。他感覺有過「調換」，這是他唯一能找到的合理字眼。

羅：調換是透過他的眼睛看到的版本，實際上卻完全是另一回事。

朵：他覺得當時像是被喚醒，一種覺醒。

羅：在你們眼裡的喚醒。那代表接受一項任務。

朵：在三歲的時候？

羅：是你們的三歲，不是他的。我們必須調整自己去適應（你們的）思想和時、分、時間、次元這些面向。要跟你解釋，就要使用你們的度量標準。因此我們會接受你所說的，但那不是在真相背後的真實情況。

朵：是的，我聽過這種說法很多次了。所以我能以我有限的方式瞭解你說的。但那個孩子看到的瀑布和那個老人是在一個實質存在的地方嗎？

羅：那是一個入口的連接點。這個連接點會帶他和它（指多次元存在）以及能量回到「非存在」(nonexistence)的一個點。到實相的一個點；這個點是這個存在體創造出這個能量和能量背後的負荷的地方。這個存在體來這裡幫忙創造新目標，一個能使人類延伸和擴展心智的新思想格式。這個過程不是強加於人類身上。是要人類能夠接受。而那些想接受的人就能接收到這個知識。這稱為「非知識」(non-knowledge)。它是一種新知識。它不是留在你們三次元資訊入口的知識。這是非知識，一個新的接受，一個新邊界，新結構，新的理解。它賦予人類一種新感覺和感官。他擁有這個知識，他與這個知識一起振動，同時也在這時候與這個知識合作。在現在這個時間點上，這個孩子對自己是什麼幾乎毫無所知。他是什麼並不重要，重要的是瞭解他到底帶了什麼。這個星球像這樣的人不多。我們認為在時間的這個點上，有五到七個人對這種心智的延伸做了正確運用。

朵：我一直被告知還有其他孩子，他們就像能量的管道，在這時候來到地球幫助人類。

羅：他們都是來自同樣概念裡的不同面向，在這個時候來這裡幫助地球。

朵：所以這只是不同的面向？

羅：這是另一個面向，另一個虛構／虛擬物。以這樣的方式來說，這孩子是一種虛擬、一種能量、一個可能性，以及延伸。

朵：所以在這個身體裡的靈魂不曾在其他星球或次元有過任何實體的存在。

羅：這並不正確。這個心智的延伸無法帶他自己到這些點，因為會影響到在地球的三次元身體。他的來處不會接受。這會干擾目前的工作。他選擇來這裡進行的工作非常非常困難。

朵：但我說的是靈魂。我們知道身體裡有生命有靈魂，那是生命的火花。

羅：這孩子的生命火花是由人類背後的創造性目的所創造出來的，所以如果我們從這個角度來看，這個創造性的目的能為這個孩子重新創造，並給他一個範圍／邊界。他會有自己的新靈魂和工作範圍。請記得，一個新靈魂並不會有先前存在的延伸，但可以植入程式。如果你要對他進行回溯，你回溯到的是已植入的記憶，但這些記憶跟這孩子並沒有關聯。

朵：這跟我發現的印記概念一樣嗎？

關於印記，《生死之間》（譯注：還有《地球守護者》）有較詳細的解說。印記是把他人的前世記憶銘印到靈魂，但這個人並未活過這些人世記憶，這是為了讓他能在這個世界運作而提供的必要資料。所有的記憶，包括情緒，都包含在這個程序，沒有人（包括被銘印的本人）能夠分辨這個記憶是真是假。對於本身從未有過任何地球人世經驗的靈魂，如果他們是第一次來到地球，印記特別有用。

羅：你可以這麼說。這是你慎重的說法，我們可以接受。

朵：跟我合作過的人稱之為印記。這些印記其實是其他生命體的前世經歷，他們並沒有實際活過那些經歷。

羅：正確。

朵：所以我們對它有相同的定義。

羅：沒錯。

朵：這對我們來說會很難理解，因為我發現靈魂可以分裂成許多碎片，許多不同的面向。這就是你剛剛所說的，是嗎？

羅：一點也沒錯。

本書後面會對這個概念有更多闡述。

朵：我總是會引導人們回到相關且適合的前世，好讓他們對這世所發生的事有更多理解。而你的意思是，在這個案例這是不可能的？

羅：會是不相關的。

朵：好吧。因為我們總是會想知道靈魂來自何處。有很多人志願來這裡做這個協助的工作。

羅：來顯化、創造、平衡。

朵：你是誰？當你說「他們」的時候，你是誰呢？

羅：我們是屬於人類模式／格式背後的創造過程。人類，這個創造性過程背後的源頭、人類這個外觀，以及所居住的星球，我們是這個創造性過程的部分。我們是在這後面的能量。我們現在來這裡是為了要再教導和啓發那些想知道有其他存在／生命的人。（人類）要前往另一個能量格式。在地球很少人準備好要接受這個改變和關聯。現在這個時刻，改變非常重要。人類心智的延伸已到一個點，這個點的能量頻率已無法支持人類的存在。這不是干預。這是陳述事實。改變是必要的。瞭解是必要的。但是前進必須正確，必須帶著瞭解、知識，帶著做好準備的重新調整了頻率的身體。這樣他們就能與這個能量層次說話及合作。這些想法和格式並不是人類的過程，而是創造人類背後的那個創造性的努力的歷程。

朵：是的，雖然有很多人無法瞭解，但我瞭解，因為我和這個能量合作很長的時間了。我被告知有數以萬計的人達到了這個層次，他們將會是這場改變的一部分。

羅：有很多。但對地球的人口來說，數以萬計是很少的。你說的沒錯，幾萬人。重點是，很少人是真的帶有這個原因（reason）的能量（譯注：指很少人帶有跟個案同樣的能量）。很多人正得知原因（譯注：指地球的變動和人類能量必須有的相應提升），而在原因背後的真相，就是這個孩子來這裡的原因。

朵：我知道有很多很多人跟這場轉變有關，可是他們不懂。人們不瞭解正發生什麼事。可是人們正在覺醒，越來越多人意識到地球有些事在發生。好，這些是他想知道的，他想知道他三歲時究竟發生了什麼事。

羅：這個孩子知道究竟發生了什麼事，所以我們不需要就這件事給進一步資料。

朵：嗯……可是他有疑問。

羅：這孩子有所有的答案。他一直都有。

有一個奇怪的記憶自羅伯特三歲起就一直困擾他。他站在一個海灘，往上看著一個懸崖。他看到他認知的「真正」父母在懸崖上正離開他。他非常難過，他大哭並尖叫著要他們回來，不要把他一個人留在那兒。當他從成人的角度回想這個記憶，他覺得很不合理，因為他認為是他真正父母的並不是撫養他長大的親生父母。這是為什麼他想探索這個記憶。

羅：（嘆氣）我們準備接受這孩子不會被提供這方面的資料。你必須接受，我們也必須接受在這時候如果讓這個孩子的心智延伸到他的來處，那麼他將無法生存與忍受他所在的次元。在他現在所處的架構有完全無法傳導的能量頻率，他很少使用這些能量，但這些能量對他影響很大。這是他選擇的。當這個孩子來這裡做這個工作，他就接受了。這個背後的邊界會在他的物質結構裡產生一些不平衡的缺陷。這必須被接受。非修正（Non-correctional）的目的會落實執行，但它們永遠無法正確運作，或在身體層面運作。他的身體會因為他所攜帶的能量而感到非常痛苦。我們無法汲及他來此的目的。原因很簡單：他現在的能量並不是他來處的能量和背後的實相。這對那些要瞭解真相的人會非常困惑。

朵：我聽說創造的全部能量不可能進入人類身體。那是不可能的。所以這只是能量的碎片嗎？

羅：是碎片。這個孩子看到的是他的實相的碎片。

朵：你認為讓他知道關於他三歲的某些事是危險的？

羅：知道關於他之前的存在以及來處能量的知識，對他的物質元素沒有益處。當他離開這具物質身體之後，他可以有這個知識，但不是現在這個時候。他不被允許離開身體。這是他必須承受的痛苦，他在接受這個工作時就知道了。他現在的能量格式使他無法和他來自地方的生命能量融合。只有一個入口能讓他這麼做。我們看到了進入的點。唯一可以再進入那個點的時刻就是死亡的時候。當這個孩子離開這個星球時，他會被帶走。他不必經過相同的管狀物，因此會讓他回到原來接受的非頻率（non-frequency）。就如我們在這個時間點都知道的，當地球靈魂要移動到第四次元，會有一個管狀通道。在這個管狀通道裡有美麗的光，但在這光的延伸裡會有很多體驗把你拉向對你無益的光譜的延伸，那些是低頻星光體創造出來的。這孩子不會經歷這些過程。這孩子已由光重生，他現在很清楚他必須做的工作。他一直被催促要去做這個工作。

朵：所以你不建議因為他的好奇而詢問他三歲時發生的事。

羅：不建議。真相就在那裡。當他被允許記起時，他就會知道。在那之前不會提供資料，而且也絕不會給。

我並不打算放棄，我再次試著要為羅伯特得到至少一些些資料。

朵：他只是好奇，因為他記憶裡看過他真正的父母離開他。

羅：在人類形式裡，真正的（他的）能量離開了。在他進入人類形式的那刻，那些能量創造出人類形式讓他看見、讓他們看見、讓你看見變化。在那個時候發生的是暫時停止了「匿名」（指讓他知道他真正的來處）。

朵：所以那是為了要讓他記得。

羅：沒錯。

朵：那會是個安全的記憶。

羅：那是要讓他知道他是來自某個地方，不是地球。而且當他完成工作，他會被愛所充滿。但他的任務離完成還很遙遠。

朵：是的，我瞭解。但你知道的，當人們覺得他們是被遺棄在這裡，這對他們來說很難受。他們覺得孤立，而且覺得跟其他人不同。

羅：請記得，你現在在說話的對象是非物質的，但你現在這一刻看到的這具身體是物質的，而且他因這個工作以及他在這個物質思想形式（譯注：指在人類身體）時所受到的別人對他的誤解而感到痛苦。

羅伯特說他小時候曾有過醫生無法解釋的高燒和身體問題。他好幾次都很接近死亡，醫生們在他住院多日的期間，努力控制他的體溫並想了解究竟是怎麼回事。直到今天，他的父母從未給過他任何解釋。

羅：這跟現在所專注的新能量轉換有關。有很多人就像是能量的放大鏡，這孩子就是。他是能量管理者，他可以傳遞能量。他是格式化，規劃能量的人。他瞭解能量。他是轉換能量的人。他就像引信，把能量從一點傳導到下一點。他不是一直都瞭解。這對他的人類身體有很大影響。他正在瞭解大部分的能量不是他的。那是共享的能量。那是能量從一個出入點轉換到一個物質/實體的進入點，到一個人類身體。

朵：這是造成他小時候發燒和身體出問題的原因嗎？

羅：那是在學習處理能量。那是他生命中必須對他是誰有所覺醒的時刻，否則他已經離開地球了。因為對他來說，他沒有理由在這裡。

朵：所以他當時必須去適應的……是什麼？能量的增強？

羅：對，若不是適應就是離開！這是事實！適應或離開！只能其中一個。

朵：所以在那時候頻率加快了？

羅：對，要不就是離開，離開人類。回去（他來自的地方）。讓別的能量來正確地做這個工作。

朵：他說那很痛苦。他們並不瞭解他是怎麼回事。

羅：非常痛苦，對一個肉體能量來說，太強了，太過巨大，幾乎無法承受。這孩子承受的已經超過範圍。為了能在肉體層面上處理能量，必須達到忍受的極限。瞭解極限在哪裡。這被認為是考驗的時刻。是去學習瞭解這個星球的物質性。這個孩子擁有的巨大力量遠超過許多人，但他還要瞭解他將執行的工作背後的真正意義和目的。他有好多工作要做，很多要在實體層面完成，但也有很多是要在潛意識和超意識的層面完成。

他的聲音影響了錄音帶，原本過程中一直有的嘶啞聲，現在變得比較清晰，就像電子信號要結束了。他的有些話在過程中聽來含糊不清而且不自然。在錄音帶上，我的聲音在整個過程都很正常，只有他的聲音是失真的。催眠時我並沒有注意到這個現象，是在聽錄音帶時才發現。這樣的情形發生過許多次了，我的電子設備會被他們以某種不自然的方式影響。

朵：他現在已經適應了。他不再發燒，也沒有過去的那種疼痛及痛苦了。

羅：他現在有新的痛苦。這是由於對能量格式的錯誤解讀。

朵：他說是在他的背和腿上。

羅：這些是新能量的能量點。

朵：所以是另一次的能量增加嗎？

羅：沒錯。這孩子已經被告知原因，但他不接受。他會接受的，我們預期如此。

羅伯特突然發出很怪異的高音調，他的身體在抽搐顫動。讓我嚇了一跳。

羅：聲音是（格式）設計和接受的唯一方式。

這顯然是這個奇怪聲音的原因。

羅：聲音是新的創造性的程式。接受。接受。接受。我們準備好要接受新聲音的範疇，它在這個星球創造出一個療癒的基礎，它會成為人類可忍受的痛苦範圍的準則。這個孩子在朝向與聲音合作。聲音會讓他的身體重新極化（re-polarize）。能量重新進入。重新學習如何發展建立它／他所攜帶的能量邊界。這孩子現在的方向是正確的。

朵：你說的聲音是指人類的聲音還是音樂？

羅：音樂。這孩子在與音樂合作。運用音樂、唱歌和製作音樂。同時也涉及聲音。他和調音的人一起合作。（這涉及）聲音共振、頻率、音調、顏色和其延伸。

朵：這些都很重要，因為音樂的頻率確實會影響人體。如果他能調整這些能量並適應能量的增加，又不會讓身體不舒服，那就更好了。

羅：是的，那樣會很有幫助。但除非身體有過體驗，不然不會知道它的極限在哪裡。這就是重點，這是一個學習的過程。為了人類身體的改變，你們必須瞭解人類選擇的元素並非透過愛，而是透過焦慮不安和能量來學習，而這會產生不想要的能量，最終產生痛苦。因此痛苦是學習的重點。痛苦的目的是要進化並且到能夠理解的程度，因此，痛苦的意義在於學習。

羅伯的聲音從這裡開始改變，變得較情緒化，幾乎是要哭泣。剛剛說的話一定影響了羅伯特，人類那部分壓過了那個存在體。

羅：所以痛苦的意義是為了讓那孩子體驗忍受的極限，然後他才有能力去教導別人要怎麼做。

羅伯特哭了。我試著不去在意他的哭泣，這樣我才能讓那個存在體回來說話，不被羅伯特的情緒影響。此外，我的工作一直都是移除痛苦，而不是合理化或是延長它。

朵：可是我們真的不想痛苦，因為痛苦讓身體不舒服。

羅：是的，沒錯。(這個存在體又回到主導)

朵：所以有比較容易的做法嗎？

羅：沒有，在這個情況下沒有。需要做的是管理痛苦。他已經選擇這個（人類）元素，這個頻率，以及這個兩千年時間的周期，透過痛苦的能量來進行新身體的演進。這是人類選擇了要這麼學習的。我們現在正進入一個新歷程，一個愛的環境的歷程，在那個環境將沒有痛苦。當新經驗進入，愛將能夠成為顯現的頻率。接下來需要的是加快這個歷程，讓人類得以移除所攜帶的一切痛苦。然後，以愛為基礎的新情緒和感受就會被帶入第四和第三次元。這是發生的方式。透過這個孩子所承受重擔的經驗循環，就可以知道這個運作。

為了在新地球生存而必須進行的人類身體的改變，在後面章節會有更多說明。

朵：是身體的DNA被影響嗎？

羅：絕對是的。

朵：我從別人那裡聽說過。他們說頻率勢必會提升。

羅：是的，一定的。

朵：但我希望是以他的身體比較好過的方式發生。

雖然我面對的是一個頑固存有的極力抗拒，我仍然堅決要減輕羅伯特身體上的痛苦。

羅：首先要知道痛苦不是全部，當知道後，痛苦就會漸漸減輕。痛苦的功用不一定是痛苦。痛苦是學習的演進過程。痛苦會透過大腦的運作產生；因為必須辛苦工作，因愛得太多或活得太投入就會產生痛苦。人類選擇透過這些來演進。

朵：是的，這都是我們要學習的課題。

羅：人類現在被提供一個離開的點，但人類必須知道自己的邊界，必須了解這些離開點是領悟的機會點。你們必須移除舊的並帶著新領會前進。這是清理的時候。我們必須跟這個能量工作。在這個清理的時刻需要有使徒，這個孩子就是在這個時間點的七位使徒之一，他來這裡進行他選擇要做的這項特別工作。他是你遇見的第一個，你將會遇見更多。你現在已經和這個能量工作了。你會再次吸引這個能量。他們可能不會像這個孩子一樣是困難的個案。他被設定使他不能去他來自的地方。他選擇進入的是光體層面。你下一個接觸的使徒，他的光體會讓你回溯到背後的目的。以及他們來自的能量。你會再遇到其他人。你會吸引他們來找你，因為你會對這背後的目的感興趣。你在這次的催眠不會知道這個目的。

朵：我知道有些目的是跟透過改變頻率和振動，創造一個新世界，並且進入另一個次元有關。我一直收到這類資料。

羅：是的，你一直都收到這樣的資料。你會對這個主題有更多更廣的認識。記得，與這個資訊的共鳴會讓你在許多方面都有共鳴。我親愛的、非常認真工作也做得很好的女士，你的工作背後所攜帶的能量在非實體層面是非常巨大的。我的孩子，很謝謝你。雖然你的物質元素攜帶的能量如此少，但你所攜帶的能量並不等同於你。

朵：而是在這一切後面的能量。

羅：不只能量，還有附著在那能量上的能量。將那些類同的經驗集合起來要花些時間。這就像是拖網船拖起網裡的魚一樣，收網時，漸漸就看見收穫，但要先有力量才能拉起魚網。因此，在網子裡這些知識的重量只有當那個人具有那樣的目的才能拉起／獲得。你正在收集這些資料。我的孩子，你接受你是誰以及你是什麼。你對超越這些範圍之外的也能接受。你選擇了來此並做你正在做的事，和你要合作的人／能量合作。在你們的物質元素之外，你會得到很多很多，但在你們的物質元素裡，你得到的如此之少。事實上，你在這麼多層面所做的事很少得到人們的感謝，但你得到的這些非常少的感謝是真誠的感謝。和這個孩子一樣，你們都是來自相同的目的，我們都明白這點。意識的螺旋盤旋在另一個螺旋之上，而這個螺旋又在另一個螺旋之上。這是個延伸擴展的過程，這個過程無法被你們所在的次元瞭解。但是你們現在被給予的資料比以前還多，你們被給予理解的能力。

朵：我的角色是試著幫助人們了解，並以他們可以理解和接受的方式呈現。

羅：你這時候說的很多話並沒有太多意義，但這些話背後的共振才是真正的意義所在。在那個能量背後的延伸。在你說話時，我們有很多的畫面是你無法描述的。你事實上在做的是透過文字，轉換和傳送能量給人們。因此，在細胞結構上，他們能保留和接收對他們有幫助的能量；讓他們（往新能量）移動。有很多人做的非常少，也有很多人做的非常多。

朵：所以他們除了與書裡的內容共鳴，能量也在另一個層次與他們共鳴。

羅：是這樣沒錯，我的孩子。你的書攜帶一種共振，書裡的資料與能量……只要擁有這些書就會有這種共振。

朵：所以人們從這些書所獲得的，實際上比他們閱讀書中的內容還要多？

羅：他們會受到啓發。他們會有感覺而去碰觸這些書，然後感覺到書裡的東西，也許是一段句子，也許是個想法，也許是直覺。也許是延伸。也許只是知道某個內容就會使他們觸及全新的思想模式頻率，讓他們能夠轉換（能量）、去接受一種全新的螺旋信息。這就是這些書的用意／作用。你、我們，是這股新力量的管理者。這個力量不是你們將去的地方，而是你們來自的地方。對許多人來說他們已經要完成了，對很多人來說則是正要開始。改變和進化的時刻已經到來。一個循環已經開始。

朵：我聽說不是每個人都可以通過這個改變。

羅：沒錯。那些準備好的，是那些至少在心靈上能瞭解百分之十他們要去哪裡的人。他們需要獲得進入的權利。

朵：其他人並不會瞭解發生了什麼事，他們會非常困惑。

羅：他們在活著的最後五分鐘可能會有信息轉到他們的肉體層面，因此他們能夠繼續前行，他們在下意識層面努力過了。在他們生命的最後時刻，他們會在物質層面得到訊息，他們因此會有（往別處）移動的能量。透過教導，他們會知道當進入管狀物，當他們從這個存在延伸到另一個存在，他們不會進入第四次元。他們將會回到他們脫離時的那個能量點。

朵：那麼那些拒絕瞭解的人呢？

羅：再次強調，選擇是人類的自由。

朵：是沒錯。我們確實有自由意志。

羅：是的。

朵：所以他們不會進入轉變。

羅：不會在這次。時間是你們的頻率的元素。

朵：是的，我知道時間是幻相，但我們被困在裡面了。我們必須使用這個幻相。

羅：在他們的經驗裡，那會是他們的時間。在你的經驗裡，那是不存在的東西。你已經超脫而進入其他經驗了。就像你是在等待聚集你的羊群，這樣羊群才能前進到其他牧地。如果我們接受人類意識的神性火花已從一個層次脫離……如果這個概念被接受，你們已經進入個體性的火光，你們現在正努力於意識的進化。隨著你們在這個意識的進展，你們創造出這個星球的密度頻率，在這個星球背後的能量知識頻率。生命、死亡、生命、死亡。密度頻率、業力，與業力相關的資料。你從這個點回到你的多次元頻率，你在那裡等待群體重聚。這可能要花上好幾千年的時間，但重點是，當你在等待群體聚集時，你是處在一種完全的愛和接納的狀態。所有你需要擁有以便享受你的存在的需求都會被提供給你。

朵：是的，我聽過那會非常美好。一切將會完全不同。起初我認為其他人沒能同時走挺殘忍的。因為他們會被留下來。

羅：完全不是那樣。並不是你們一定要離開……身體……就像這個孩子已經體驗的，正在體驗的……情感上離開實體家庭的延伸。他真正離開的是他來自的那個次元裡的家人。他想念那個愛，他也意識到他不能回去那裡。他已經來來回回好幾千年了，為的是了解這個星球如何運作。他選擇了，或者說，他被給予這個選擇來協助這個星球。協助轉變能量並把群眾帶回來。如果我們以思想的發展過程來看，這個孩子是新知識的使徒。這個孩子帶著相關資料來到這裡。這孩子不受業力影響，他已不在業力頻率的螺旋以及第三和第四次元的能量頻率裡。

朵：因為業力會把人困在地球的頻率。

羅：你現在是對不受業力影響的目的（的能量）說話。把你對業力的概念都移除，提高你的角度來看這件事。

朵：所以他來這裡是為了這個目的，然後他會回到他來自的次元。

羅：沒錯。他會過正常的人類生活，在那個人類生命的期間，他將實現他的目的，但他確實會受影響。他會被三次元的目標吸引。

朵：是的，要在這個世界生活而不被牽引到三次元(譯注：指捲入業力)的確很難。

羅：如果他被拉進一個三次元的目的，他會再被拉回來。

朵：業力就是這樣產生的。我們在這裡學習課題。

羅：(他打斷我的話)我們不想再談這個話題了，業力的作用在這時並沒有反映。我們不想對你無禮。可以討論其他話題嗎？拜託！

朵：好吧，我只是想為他理清楚，因為這是他關心的主題。

羅：了解。這個孩子知道所有的答案。

朵：但他的意識並不知道。我們想讓顯意識知道。

羅：謝謝你為他的顯意識所做的事。你問你需要的資料會比較好。這孩子有所有的答案，你不需要問這些問題。所有他想問的問題，他都有資料。你已被告知你會和這些人合作。這一定會發生。需要發生。你必須等待，它會在適當的時機發生。

朵：和我合作過的其他人，我們稱之為「星辰之子」的，他們並沒有像羅伯特經歷的那麼辛苦。

羅：我們在重複舊資料了，但我會再次解釋。（他像是生氣了）在現在這個時刻，愛的頻率和人類思想模式的能量經驗之間的轉變期被痛苦給拉長了。有那麼個轉化點，人類可以在這個點轉化，把從透過痛苦學習的進化經驗，轉化為透過愛學習的進化經驗。這個經驗需要有範本。從一點到另一點的重要性必須被呈現。唯一的方法就是要到達那一點，然後學習從螺旋狀的最高點移到下一個（經驗）表達的擴展。因此，要過來的追隨者們需要瞭解這個點在哪裡。這個離開的點；也就是你們在橋樑會合的點，你們明白是去愛的時候的那個點。（刻意地口吻）這樣夠清楚嗎？

朵：是的，我相信跟我說過話的其他存在體，很可能不是同樣的頻率。但它們也都志願來這裡幫助地球。

羅：它們在朝向移往那個點的頻率層面工作。這不表示這個能量頻率比較高或低。它們都是石階的一部分，它們是登上金字塔頂端那個點的階梯的一部分。金字塔頂端就是這孩子準備好要重新傳送自己的點。現存心智的靈性擴展就會延伸到能夠回到它們來自的地方的那個點，然後當群眾重新聚集了，便會尋找另一個經驗。

朵：你知道一般人要瞭解這些有多困難吧。

羅：一般人類有時間，可是時間正在加速，因此這個延伸速度也在變快，期望也加速了。DNA的重組因此在加速，振動的頻率也加速。一切都在加速。所以痛苦也會加速，並延續到一定的程度。再一次，痛苦不僅跟（人類）血統／基因有關，也跟每個計畫的進化目的有關。人類對於演進和進展的耐受力。

朵：我一直被告知我們正在更快速地處理許多業力，因為我們在試圖適應這些頻率和離開（三次元）。

羅：沒錯。我們現在所接收的資料、能量思想格式，已經存在好千年了。現在的時間點允許人們接收這些資料，清理，並且離開業力的循環。當他們能走出業力循環影響的那刻，他們就能和這些允許他們走出、離開（業力循環），並且回到原先他們來自的頻率的螺旋資料合作。這是很簡化的解釋。做起來不容易。還是要做。而且會有效。

他的語氣聽起來有些氣惱，因為為了讓我聽懂，他必須用很簡單的話來解釋。但我終於有一些些聽懂了。

朵：我一直被告知我們的心智，人類的腦袋真的很難理解這些事。這是為什麼之前沒有給我們這些資料。

羅：同意。

朵：人類心智就是沒有這個能力。

羅：沒錯。

朵：所以我一直被告知要以人們可以理解的方式來呈現這些資料。

羅：對，而且你是這樣做沒錯。

朵：可是你給我的這些資料複雜多了。

羅：沒錯，因為是你要求這些答案。

朵：可是我認為對有些人來說，還是很難理解。這是個問題。

羅：在現在這個時間點上，人們會能理解，因為他們進化的目的，他們身體的能量頻率將會允許他們理解這些資料。這就是我們在說的。我們已經派出七位使徒到這個星球，執行能量的擴展和延伸。會有一個三人組和一個四人組。他們都將在某個時候會合。但這三人組不會知道四人組，四人組也不會知道這三人組。你已經見到第一組的一個。三人組的第一位也到了可能和你會面的時刻。

朵：但這三個永遠不會見到另外的四個。

羅：沒錯。

朵：他們會在不同的地區工作？

羅：沒錯。

朵：可是我會遇見他們其中一些人？

羅：你會的。當你遇見他們的時候，你絕不可以向他們提到另外的人。那樣會干擾能量。因為他們雖帶有相同能量，但他們是以不同的方式運作。記住，種族血統不同，他們也帶有不同的能量。在這個星球，東、西、南和北半球的能量並不完全對彼此有益，因此你不可以向他們提及。

朵：所以他們會是在不同種族和文化？

羅：不同的文化會比不同種族來得好。他們可能說相同語言，但有不同的文化背景。

朵：可是當我遇見他們時，我會知道嗎？

羅：你會的。

朵：我會是用這樣的方式知道的嗎？在他們出神的狀態下？

羅：你會立刻知道。

朵：我向來是在催眠時得到這些資料。

羅：絕對是的。因此當你遇見他們其中一位，你立刻就會知道。你甚至在遇見他們之前，下意識就知道將要與他們見面。

朵：而我不能讓他們知道彼此。他們不可以互相接觸。

羅：對。除非你被告知要這麼做。

朵：對其他資料我也是被這麼告知。我發現有些人在進行同樣的發明，我被告知不要在這個時候讓他們知道彼此。

羅：這是正確的。能量會互相干擾。你現在的連結是透過下意識思想形式的過程，是透過能量的一個螺旋。如果你把兩個人連結一起，你會融合這兩者而稀釋了資訊。你知道我在說什麼。這樣的「稀釋」對這個能量背後的思想格式的集體目的是無益的。因此，介紹兩位在進行同樣工作的人認識會產生混亂。記住，當一個創造準備好要發生時，它需要在許多不同的途徑發生。也因此，能量是在潛意識的層面就緒，當意識接受的時刻到來，潛意識早就已經準備好了。能量已就位。

朵：我在加州遇到一位男子，然後在澳洲遇到另一個在進行同樣發明的人。我被告知，這是海洋裡兩股各自移動的浪潮，但如果他們合併在一起，那就只會是一股波浪，它會失去它的……什麼？它的能量還是力量。

羅：沒錯。對你們三次元的說法來說，那是很好的比喻。你也很快會……接觸到全聲音共振。

朵：我遇過在醫界工作的人，他們想引進自然療法。

羅：你的心智將會更延伸到這個思維。現在有部分能量傳導到你身上，你將會寫到這個主題。這個能量很快會跟你一起工作。

朵：我有其他個案告訴我他們想做的工作跟聲音和顏色有關。這會是新的療癒方式。

羅：顏色在聲音之前。

朵：在聲音之前。

羅：顏色在聲音之前。顏色共振聲音，然後與能量共振。然後與思想形式的頻率共振。顏色先。顏色的光譜和聲音共振。音譜和顏色共振。

朵：所以是一起運作。

羅：一起擴展和延伸。我們現在並不用瞭解每個虛構物物質身體的基本頻率是在什麼特定的聲音層次共振。DNA，細胞結構，全都與聲音共振，這是為什麼我們正被設定全新的DNA結構。這樣一來，聲音共振可以被保護並投射到人類思想格式，因此我們能夠接受新的頻率，而這些頻率是透過聲音來轉換。透過麥田圈的聲音、透過印記、透過語調、透過音頻。這些都是聲音和顏色的調性。在這個時候，這些聲音和顏色更加豐富飽滿，我們也被提供了有關三次元元素的基本知識，如何去瞭解和運作，這樣人類的疾病就能以較正面的模式顯現和創造，而不是只與生病和死亡有關，而且也能了解這些疾病帶有什麼能量。疾病是訊息。但如果身體沒有從疾病得到訊息，身體就會創造死亡。疾病其實是一種重要的能量，而不是負面的能量，這是很有趣的思考方式。

朵：我也聽說身體對各種疾病會變得越來越有抵抗力。

羅：只有在身體背後的思想模式的創造性目的準備好要抵抗疾病的時候，身體才會對各種疾病變得有抵抗力。如果身體內思想模式的創造性的目的仍然是三次元式，疾病就會啓動它正常的路徑。除非引入新的思維層次，不然還是會有疾病發生。

朵：我被告知他們在努力讓身體變得更有抵抗力，而且增加壽命。

羅：完全正確。

朵：因為我們將進入一個完全不同，而且從未經驗的次元和頻率。

羅：沒錯。以人類的理解架構來說，我們從沒來到現在的這個點，這是第一次。你不理解這個新層級的工作有多重要。這是地球第一次要進入這些層級。

朵：這是我一直被告知整個宇宙都在關注地球的原因嗎？

羅：對。

朵：可是我們必須先度過當前的時期。

羅：沒錯。

朵：這是為什麼它被稱為「困難的時期」（法國星象學家諾斯特拉達穆斯在他預言裡所用的詞）。

羅：困難的時期基本上是指這個世界的業力已經要到自我轉變的時候了。這個世界是活生生、在呼吸的生命體，所有在這個世界裡自我創造的東西也是。人類不過是這個世界的一隻跳蚤。我們全都是這個轉變、這個目的的一部分。一個全新能量將會延伸到這個行星系統。許多星球都在這裡協助。他們不是來強迫或管制我們，他們是來幫忙的。

朵：我相信這個說法，因為很多人都這麼對我說過。我也知道地球是一個活生生的實體，因為這也是我一直被告知的觀念。所以你是進一步證實了某些同樣的訊息。

羅：完全正確。將會有更多人來找你。你值得這麼多人來找你，因為你所完成的工作。

你將收到的祝福是全然的愛。

朵：那麼我可以使用我們今天得到的資料嗎？

羅：絕對可以。這些資料就是要給大家的，這不是私人的訊息。羅伯特會明瞭他的痛苦是來自他選擇要執行的工作所產生的。這些痛苦一旦被了解，就會被接受，變得可以忍受。他要做的工作一直是在痛苦的背後，而他也必須忍受這份工作背後的痛苦。這些都是承諾的一部分，是這個工作所衍生的部分，也是這個孩子選擇要處理的能量。他已經被告知這不能被干涉（譯注：指痛苦不能被免除）。這時候也有另一個目的要讓你知道，因為你即將遇到。

朵：是什麼？

羅：今晚你得到有關人類轉化的全新模式的資料。有些人類會與你們所熟悉的人類完全不同。現在有些人雖以肉體的方式存在，但他們的靈魂背景是無法被讀取的。今天在這裡的這個孩子不論是在心靈層面，占卜探測的層面，或任何層面，他都無法被讀取。因為我們很清楚在這個星球，一旦被讀取，頻率就會被干擾。那個層級的頻率已被移除，他無法被讀取。所以如果用直覺來讀取他，你們會獲得一個跟情況完全不一樣的目的。但你個人不會，朵洛莉絲，因為你是在進化目的的層級。你的光體層級是在美與愛，那些不在這個層級的，無法承受愛與光的，無法接通**他**（的頻率），以及許多和他一樣與相同能量工作的人。你現在會開始了解有兩種差異，一種是可以調諧頻率接收，一種是無法調整至同頻的。

朵：這是一種保護的形式。

羅：沒錯，是被規定的下意識層面的保護。因此這孩子事實上不會涉入業力演化的歷程。

朵：他受到保護很重要。

羅：很重要。他一直都被保護著。這個傍晚對你也是一個學習經驗的歷程，因為我相信你會開始有更多帶有這個目的的（個案）經驗。因為你邀請了這樣的能量，而這個能量也配合。

朵：所以我會發現更多這類的人。

羅：對，你會的。不要覺得困惑。

在我們快結束催眠時，我感謝這個存在體提供的資料，然後要求它離去。它發出像是馬蹄的喀喀聲。我後來把羅伯特帶回完全清醒的狀態。

這是以製造櫥櫃維生的年輕英俊男子的有趣案例。羅伯特在意識清醒的狀態下，對於這些隱藏在他人格下的事一無所知。

當然，他說的這些很多都令人困惑和迷惘，因為這些資料真的太難理解了，主要是因為這個存在體使用英語的方式。但他說的其中一件事的確發生了。他說有七個使徒分散在世界各地。他們是被送來這個世界的特別人士，他們有不同的振動頻率，他們不被業力束縛，而且有個特定目的。他說我才剛遇見這七位中的一位，我還會再遇到其他人。他們分別生活在不同的國家，有著不同的文化背景。他警告我不要讓他們相互接觸。令人訝異且出乎預料的是，幾個星期之後，我回到了美國，而事情真如他所說的發生。我在阿肯色州費耶特維爾市（Fayetteville）的催眠班上，接觸到另一位使徒。

我不知道我是否會被允許遇到全部七位，還是只能知道他們的存在。也許知道這樣就已足夠。羅伯特說的沒錯，他們是分散在不同的國家，有著不一樣的文化背景。

我遇過許多人在催眠狀態下告知他們在這時候來到地球，是要幫助人類透過即將到來的變化前進；他們的意識並不知道這些事。但很顯然，這七個人的振頻更為不同，並且任務也和其他人不一樣。

第十四章 高度進化的存在體

「它們」持續透過許多個案出現，通常是在不尋常和出乎意料的情況下，這次的催眠就是很貼切的例子。那時我剛從英國回來幾個星期。我在英國的格拉斯頓伯里催眠羅伯特的時候，「它們」提到在地球正值改變的今天，有一群特別的人志願或被派來協助地球的轉變，而我已經遇到其中一位。「它們」說這些特殊人士（或使徒）共七位，羅伯特是其中之一，而且我很快會和另一位碰面，但我被警告不要讓他們接觸彼此。就算身在截然不同的地方，他們也要繼續自己的道路。當時我完全不知道我會在短短幾個星期之後，而且是在很不尋常的情況下發現第二位。

二〇〇二年一整年，「它們」一直警告我，說我奔波各地演講的次數太過頻繁。二〇〇一和二〇〇二年期間，工作最忙時，我每星期都飛來飛去，在世界各地演說。一星期之內去兩個到三個城市，回到家後很快再出發的行程，對我來說很平常。但我開始感受到壓力，因此我知道它們是對的。它們說我沒有必要像之前那麼頻繁旅行，我的書並不會因此受影響，能量已經出去了，而且會逐步擴大。它們要我多寫作，多教授我的催眠技巧。它們說這要成為未來的一種療法。我說為了教學我還是必須旅行，但它們說：「讓他們來找你。」神奇的是，事情就真的如它們所說。我開始在鄰近的阿肯色州費耶特維爾市開課，而且不斷有來自世界各地的人們前來學習這個催眠技術。

二〇〇二年的八月中旬，我開了另一梯次的催眠課。我一直維持小班制，這樣課堂上就會有較多的互動和參與，學生更容易瞭解我的技術。我那時開的班次不多，仍在摸索課程進行的方式。在早期的班上，我會讓學生們（現在已是合格的催眠師）在最後一天互相練習。在這一班，我決定嘗試不同的做法，因為我雖然教了技術，但學生並沒有足夠時間研習。課程結束後，他們需要好好練習才行。在過去，他們因為不熟悉技術以致效果沒能完全作用。因此這次在上完第兩天的課後，我跟班上就這點討論，他們一致決定，寧願看我對他們其中一位示範，這樣他們才能旁觀過程。他們認為這麼做會更有學習效果。當然，這通常會讓老師為難。我的技術雖已有很多成功經驗，但這是不同的情況，這會是在大家觀看下進行，萬一被催眠者因為處在眾人觀看的環境而感到緊張和不自在，因此抗拒進入出神狀態呢？如果發生這樣的情形，我勢必得花更多心力，因此我擔心這個方式是否可行。

有好幾位學生都想自願當這隻白老鼠。最後的解決方法是大家把自己的名字放進盒子，我從裡面抽出隔天早上催眠示範的人名。我的手伸入盒子裡翻攪，一張紙似乎飛過來黏住我的手。名字是艾絲黛拉。

她是最後一刻才報名的學生。我不會透露她來自哪裡，理由顯而易見。我當時在一場研討會演說，會中有兩個人想參加下週的催眠課。由於這班已達到我設定的人數，我不知道是否還有空間。我打電話到辦公室詢問，發現有兩個人在最後一刻取消，因此我告訴艾絲黛拉，如果她有興趣參加，還是有名額。

由於她是最後一刻決定上課，機票費也相對較高。最初她猶豫是否要來，但她認為這樣的機會出現必然有原因，值得這些花費，而且她的老闆同意她請假，這也令她訝異。她後來說她非常想被催眠，因此她一點也不意外她的名字會被選中。

班上有個學生在飯店住的是套房式的房間，於是我們決定隔天早上先在教室會面，然後去那位學生的房間示範催眠。有些男學生帶了椅子，空間很擁擠，在場有十位學生，加上助理跟我，共十二個人擠在小小的飯店房間裡。催眠前一晚，我有些擔憂，因為艾絲黛拉說話有口音，而當個案進入出神狀態時，我有時會因他們的腔調而有困難理解。當他們在很深的催眠狀態，聲音會變得輕柔又含糊。我在香港和新加坡催眠就遇到這樣的問題，不過我最後還是習慣了不同的英語腔調。那天當我們準備好要開始催眠時，這些事都在我腦中掠過。我其實不用擔心的，因為「它們」早在我之前就想到了，而且處理好所有的事。

學生們分別坐在沙發、椅子和地上，房間看來相當擁擠。艾絲黛拉躺在床上，我要大家在我開始時盡可能保持安靜。我直到催眠結束都沒發覺奇怪的事已經發生，而「它們」早已接手整個過程。

由於我催眠時通常不錄導引詞，因此我把麥克風放在床邊小桌的錄音機旁邊。我用的是手持式麥克風，因為要貼近個案的嘴邊錄音。當個案進入深層的出神狀態，他們的聲音會變得很輕柔，麥克風放在個案嘴邊才能確保錄下他們所說的話。其他催眠師是把配戴式麥克風夾在個案的衣服上，但我催眠一直是用手持式麥克風。這種麥克風有控制的按鈕，要在我拿起麥克風，開啟按鈕後，才會開始錄音。

我開始導引，她立刻就進入出神狀態，所以我起初的憂慮是多餘的，艾絲黛拉並未在意房間裡眾多的人數。旁觀者也沒有造成任何干擾。我的催眠方式是讓個案想像一個我稱之的「美麗的地方」，在那裡沒有任何憂慮和煩惱。我讓他們自行選擇他們認為最美麗、最平靜的地方。接下來的技巧會帶引個案進入一個前世，這是這次示範催眠的目的。然而艾絲黛拉並沒等我完成整個導引程序。這樣的情形有時會發生，我已經很習慣了，因此從個案對美麗地方的描述就知道是怎麼回事。艾絲黛拉的美麗地方聽起來不像是一般的美麗地方，事實上，它聽起來甚至不像是在地球。

艾：這個地方有很多異國風情的花朵和不同的色彩。風在吹，我感覺到微風吹動。這裡有很多水晶。很多產生器。鳥兒在飛，我可以看到牠們有很多顏色。

我就是從這個時候知道她說的不是地球。她超前了我的指令，已經在某個地方經歷某件事了。我快速拿起桌上的麥克風並啟動錄音機。這個擁擠房間裡的氣氛很緊繃。沒有人發出聲音，所有人都直覺地知道某件不尋常的事已經發生，尤其我沒能講完一直教他們的導引程序。這時已沒有必要完成整個導引過程。

朵：你說水晶和產生器是什麼意思？

艾：地上有很多大水晶。很高，有三、四呎高。水晶的最上面是尖的。

朵：你為什麼說它們是產生器？

艾：它們產生能量。

朵：四周有別的東西嗎？

艾：地面有顏色。是綠的，但不是我們所說的草地。是類似草地的東西。一片綠色覆蓋地面。

朵：這些水晶是從地面冒出來的？

艾：對，而且它們的擺放是有策略的，是要在那個地區產生能量。

朵：那個地方是哪裡？

艾：一個很遙遠的地方，我想說的是……另一個星系？

朵：那裡有任何建築物嗎？

艾：沒有。這裡像是特地設計來充電，同時也放鬆和感受平靜的地方。

朵：所以你的意思是那裡並不是人們平常居住的地方？

艾：沒錯。

朵：它像度假的地方？去那裡的目的是恢復活力和放鬆。

艾：沒錯。

朵：會去那裡充電的是那些人？

艾：所有不同的存在體都會去。

顯然這是她下意識選擇這個地點作為她的美麗地方的原因。有些人看到的是他們記得的度假地點，一個對他們來說很特別的地方。

艾：只要他們覺察到這個地方，就能把自己投射過去。

朵：喔，他們用投射的，不用搭太空船？

艾：沒錯。只要能連結或覺察到這個地方，任何人都能把自己投射到那裡。你在那裡停留一會兒，不用很久，只要感受到能量並且覺得平靜和穩定，你就可以回到原本的地方，繼續做你原先在做的事。

朵：你是帶著身體到那裡的嗎？

艾：可以以身體的方式，或是投射你的能量到那裡。

朵：當你在那裡的時候，你是以你的身體……以某種外形或形式出現嗎？

艾：有些存在體是的。他們能夠以他們的形式出現。那個地方歡迎所有人。

朵：你經常去那裡嗎？

艾：是的，我很喜歡那個地方。它讓我感到平靜和覺察。

朵：然後你就必須回到你工作的地方？

艾：沒錯。

朵：當你從這個美麗的地方回到你工作的地方，那裡是什麼情形？

艾：在地球層面的工作同時完成了。在遙遠的，你們會稱為基地的地方，那裡的工作也完成了。許多星系和次元的工作完成了。但是現在的基地是地球。

朵：所以你的意思是你同時在做兩邊的工作？

艾：沒錯。

朵：當你在地球層面工作時，另一處是怎樣的地方？

艾：你在那裡跟很多存在體互動，就像你在那個神聖空間裡一樣。你看著他們的眼睛就能認出他們。你透過與他們的能量連接而認出他們。雖然他們戴著不同面具，你會知道他們是誰。你深深看進他們的內在，認出他們的能量。

朵：這樣的事一般人會知道嗎？

艾：許多人知道。很多人察覺到了，但不是在意識層面。

朵：當你在地球層面工作時，你的身體看起來是什麼樣子？

艾：當我在地球層面工作時，我的身體看起來就跟大多數人一樣，呈現的是人類外形。但那就像是我戴的面具。我把它投射出去，所以其他人會看到他們習慣看到的。

朵：也就是一般的肉體形式。

艾：沒錯。

朵：現在這個（肉體形式）是艾絲黛拉的面具嗎？

艾：沒錯。

當我知道人／人格的定義是面具時，我覺得很有趣。它取自拉丁文的**persona**。字義為演員的面具，引申為人／角色。

朵：這是你現在在地球工作時所戴的面具。（是的。）這是個很好的面具，非常好。這就是別人看到的你。

艾：是的，這就是他們看到的我。

羅伯特也説人們所感知到的他的肉體形式只是幻相。雖然在我看來，這兩個人顯然都是實體，而且就是人類。

朵：如果沒有面具，你看起來是什麼樣子？

艾：沒有面具，我也有一個被光包圍的外形。那是一個實體形態，有形狀而且是實質的。但在這個實體形態裡，它的邊緣也是能量和光。

朵：有人告訴我每個人的基本形態都是光。

艾：沒錯。那是其他人會看到的形態。但如果他們看得更深一點，他們就會看到另一種實體形態，就如你們所稱的身體。因為他（指個案）帶有他來自的地方的外形。他來自的地方是不同的外形。

朵：那種外形看起來是什麼樣子？

艾：地球上會稱為「爬蟲類」。我必須説有很多不同程度的爬蟲類。

朵：你的意思是，那是你同時存在於另一個地方的形體？

艾：沒錯。

朵：所以你在另一個地方有個爬蟲類的形體？在這裡則是地球人類的形體？我的理解正確嗎？

艾：這個能量有部分是在另一個地方，但我體驗到的當下是在這個實體地球的層面。

我在催眠時已聽過太多不尋常的事，所以聽到這些並沒有困擾我。我向來都是繼續提問，因為在這類催眠工作，任何事都有可能。但我看了看四周，想知道學生們聽到這些話的反應。他們非常安靜，大家都專注在這個躺在床上，一動也不動的女子身上。這位漂亮的中年婦女有一頭深色頭髮，她正說到她有一個同時存在的生命，是在另一個星球的爬蟲類，而這些話並沒有讓學生們感到困擾或詫異。也許他們讀了不少我的書，能夠理解任何事都有可能在這類催眠療程發生，然而對我來說，有人旁觀催眠的情形卻很罕見。催眠結束後，大家一起去吃午餐，一位男學生告訴我，這是他見過最不可思議的事。

坐而言不如起而行；透過這次示範，他們學到的比課堂上來得多。告訴他們怎麼做是一回事，示範給他們看又是另一回事。就如從書本學習和實際操作是兩回事一樣。

我接著問：「另一個地方是怎樣的呢？」

艾：在另一個地方，我們觀察其他星系，確定一切都在秩序中，確定沒有星系去傷害或是去做會造成其他星系傷害的事情。我們在那裡觀察和追蹤所有正在發生的事。

朵：聽起來是非常重要和龐大的工作。要去觀察所有的事。

艾：是很龐大，但我們受過訓練。只要訓練有素，那就會成為你的本能。不論你在哪裡都一樣，只要受過訓練，那件事就會變成本能。

朵：要觀察所有的事真的是大工程。你們有使用機器來做這個工作嗎？

艾：我們用心智來做。

朵：那就表示你們有很強大的心智能力，不是嗎？

艾：是的，我們有強大的心智能力。我們投射心智到各個地方。每個人都各自有他特定連結的地方，但他們隨時也能投射自己到別的地方。人類尚未發展出這樣的能力。

朵：你剛剛說這裡像基地？

艾：對，你們會稱它為基地。

朵：就像是一個總部？

艾：一個站。

朵：那是艘太空船？還是星球？

艾：不是太空船，也不是你們所認知的星球。它比較像是……一個地方，一個站。

朵：我想的是某種實體的地方。

艾：它就像是……一個圍起來的區域……在一個開放的……如果你可以想像……比如說，想像在天空有那麼一個圍起來的地方，從那裡監看它周圍各個地方。就像那樣。

朵：我現在想的是我們離開身體後會去的靈魂世界，你說的地方是像那樣嗎？還是不一樣？

艾：是不同的，因為這裡不是靈魂世界，這裡是一個實體的地方，這裡有你們會稱為實體形態的生命。不是人類採用的形態，而是來自其他地方的生命體會採用的實體形式，以便生存和居住。

朵：是像在別的次元嗎？

艾：比較像是在不同的銀河星系。

朵：所以你們在太空裡創造出這個地方，可以這麼說嗎？

艾：是的，它就像是為了某個目的而創造出的地方，我們就生活在那裡。

朵：所以那裡要集合所有人的心智力量才能繼續存在嗎？

艾：不用。那個地方一旦被創造出來，就會一直存在。因為它的存在有特定目的，而且目的會一直持續。

朵：所以不論你們或別人有沒有在那裡，那個地方都會一直存在。

艾：沒錯。

這聽起來跟另一位個案的故事很像，那個故事有類似洞穴人的存在體生活在一個紫色太陽的世界。他的潛意識說那個地方並不是一個星球，而是在一套我們無法理解的不同規則下運作的一個星系。那些存在體同樣也用他們的心智創造他們需要的一切（請見第十八章）。

朵：所以它比較像是總部，一個主要的基地，從那裡可以監看所有的世界。

艾：這麼說沒有錯。

朵：那裡似乎是很厲害的地方。如果你們用心智收集資料，那些資料又是如何儲存？

艾：跟你們會把資料存在電腦裡不一樣，因為那已經過時了。它儲存在你們會認為是磁碟的東西裡。只是這個磁碟更迷你更微小，而且可以儲存數以百萬的訊息。

朵：嗯，那的確會讓我們的電腦顯得過時。但如果只是一個非常小的磁碟，資料是如何讀取呢？

艾：用心智讀取。當你把它拿在手上，你就接收到所有資料。

朵：接收到你要尋找的資料？(對。)要不然就會被資訊給轟炸爆了，是嗎？

艾：沒錯，你不會想保留過多的資訊在心裡，因為沒有必要。

這場催眠開始沒多久，又出現另一個不尋常的現象，那就是當我們一進入另一個世界，艾絲黛拉説話就沒有口音了。透過她説話的這個存在體的用字與發音都非常精準和正確。當然，這樣對我來説比較輕鬆，我就不必那麼靠近個案去聽清楚她説什麼。房裡的每個人顯然都知道這不是艾絲黛拉本人在説話。

朵：我不是要侮辱或冒犯你，但在我們這個年代，有些人對爬蟲類的印象是負面的。

艾：那是因為有許多爬蟲類仍是負面的。你必須瞭解，所有一切都存在著平衡。平衡存在於這個地方，也存在於任何地方。尤其是在地球，當有某些東西出現，比起別處，你在地球上會發現更強的二元性。就爬蟲類來說，地球上有很多人都帶著那樣的能量。由於他們帶著負面能量，嗯……這麼說吧……它比較是真實自我被誤導和被遺忘的能量，所以他們會做出，對，被視為是負面的事。

朵：可是那不是你們的真實本質。

艾：在未來不會，在你們所稱的未來——我找不到適合的字——不會。

朵：你是從未來說話的嗎？

艾：沒錯。

朵：你知道你是透過一個載具說話，就是你說生活在地球的這個載具。這個載具想知道的其中一個問題是：她是否同時存在於未來？

艾：我是從未來說話。但我同樣也從你們所說的現在說話。我同時自兩地說話，因為我是一體的。

朵：所以，在這個未來世，你在這個基地存取和匯集資料。你為什麼決定也要生活在我們二十一世紀的這個時候？

艾：因為曾發生在這裡，以及現在所發生的跟爬蟲類族有關的事。有很多有權力或是在重要位置的人濫用他們的權力去控制和操弄。我被要求來這裡協助，啓蒙大眾，讓他們瞭解發生了什麼事。因為少數人不能控制整體。由於大眾並沒有意識到，因此等於允許了少數人在控制和操弄。

朵：所以你雖然在那裡，但你選擇也同時回到這裡，讓自己的一部分能量或什麼的，進入一個身體？

艾：（嘆氣）我並沒有進入一個身體，而是變形為一個身體。但為了讓我的能量能跟這個稠密的地球能量共鳴，為了能在這個稠密能量生存，我需要透過一個物質存在體出生。而我所選擇的父親也是爬蟲類。他一直都是，在他所有的存在裡，除了爬蟲類以外，他沒有選擇過其他的存在形體。為了這次的地球經驗，他選擇成為讓我的能量通過的載具。我的母親懷胎九個月就生下我。她原本並無法負荷我的能量，她花了許多功夫和準備工作，好讓我能待在她的肚子裡，然後出生在地球。

朵：可是身體的基因是來自父母的DNA，不是嗎？

艾：（大嘆一口氣）這是不一樣的過程，人類無法完全瞭解。這是為什麼看起來會像人類（譯注：指透過前述方式）。但如果要找出真正的組成，基因上的組成，他們會發現不一樣的東西。

朵：如果有人要檢查艾絲黛拉的DNA或基因就會發現不一樣的東西？

艾：沒錯。這是為什麼這個身體不會生病，因為她的身體不能被探測和檢查。

朵：這是為什麼你不要醫生檢查身體的原因？

艾：沒錯。因為他們會發現不一樣的地方，然後他們就會想研究，但這不會被允許。所以她不可以生病。我使用**她**和**我**來區分是誰在溝通，雖然我們是一樣的。她有時候不讓訊息進入。

朵：為什麼？

艾：她還沒能平和接受她在地球層面的整體經驗。

朵：可是你知道這對人類來說很難理解。

艾：看到自己在這個地球，對我來說也是很難接受的事。

朵：(笑)很不一樣，對不對？

艾：非常不一樣。

朵：因為你已進化到超越地球了。

艾：沒錯。我有過很多世，或者我應該說我的靈魂在地球層面已經有過很多世。當我被選上回來地球，再度經驗地球生活時，我很訝異。

朵：你以為你已經結束地球生活了，是嗎？

艾：沒錯。

朵：(笑)你認為是時候到其他地方去了。

艾：沒錯。

朵：然後他們說你必須回來，這簡直就像重回幼稚園，不是嗎？

艾：是的，因為我必須回來，而且我知道會是什麼情況，我覺得身負重任。我覺得孤單。

朵：是因為這裡沒有很多你的同類嗎？

艾：對。而且我知道我將遇見的人很多會是那種運用能量去傷害和控制的人。這是為什麼我三歲會有那個經驗。那是為了要讓身體忘記它是誰，它來自哪裡以及它需要做的事。它如果在那麼小的時候就說出需要說的事，可能會被除掉。

這個陳述令我很意外。

朵：你這麼認為？還是說別人會認為她只是個奇怪的小孩？

艾：沒錯，我是這麼認為。有很多人想要找到這個能量，但能量被隱藏在一個小孩身上。

朵：所以他們不會只認為那是童言童語。他們可能會認出你？

艾：沒錯。因為我們談的不只是有身體的存在體，我們也跟不同的能量工作，不論這些能量是否被感知為實體。

朵：所以那是個保護措施嗎？

艾：對。那是保護這個存在體不要說出來的防護機制。當時不是時候。

朵：她三歲時發生了什麼事？這是她想知道的其中一個問題。

艾：她三歲時被帶上一艘太空船。她的那個記憶是正確的。她看了所處的環境，了解自己是安全的。但對她的物質身體來說，發現身處在一個陌生地方，她感到驚訝。我們一直知道要在什麼時候溝通，以及用什麼方式溝通。她的記憶在當時被遮蔽了，因此她對發生的事不會記得。身為一個三歲小孩，她所記得的就是當時的反應。

朵：所以在她三歲之前，她對她是誰以及她從哪裡來是有記憶的？

艾：沒錯。

朵：可是她還無法表達？

艾：沒有話能夠表達。

朵：她那時還沒有能夠表達的字彙。這樣說起來是有道理的。

艾：沒錯。也因此她覺得孤立。然而，她能跟我們，還有很多存在體溝通。她三歲的時候知道得更多一些了，但她那時不能表達，因此這些記憶必須被置於某處，直到時機適合。聯繫一直都在，但現在是透過精神層面多過身體層面。

朵：所以為了她的安全，當她在太空船時，你們在她周圍設了一層遮蔽，為的是……？讓那些記憶消失還是淡化？

艾：或多或少……讓記憶消失，這麼說是恰當的。

朵：這樣她才可以像個小孩，不引起過度注意。

艾：是的。但身為孩子的她感覺孤立，那是因為她無法理解發生在她周遭的事。

朵：我發現有很多人覺得他們是來自別的地方。他們在這裡感到很孤單。她在太空船的時候，記憶是怎麼被遮蔽的？當時是怎麼回事？

艾：她因為不知道情況而有被背叛的感覺，所以有段時間不想再溝通。

朵：可是太空船上的人有實際對她做什麼來遮蔽她的記憶嗎？

艾：能量上來說，我們在她裡面放了一個盒子，這個盒子讓我們可以和她持續溝通，可以進行資料的交換，但不是在意識層面。在那之前是在意識層面進行。

朵：你所謂的盒子是什麼意思？

艾：那更像是……我不想用「植入物」這個字，因為有負面意涵，但實際上那是像……你們會說的……（她有困難描述）

朵：對我來說植入物不是負面的，因為我了解他們為什麼這麼做。

艾：那比較像是……一個面板。

關於植入物我已經聽過很多次，我了解他們的用意，這部分在《監護人》書中有說明。然而，我從沒聽過把一個面板放到任何人的身體裡。

艾：那是一個有厚度的板子，裡面是……所謂的盒子裡有小晶片。跟控制台的晶片是一樣的。

朵：喔，就是很小的電子組件。

艾：是的。順便說一下，那也是組成她身體的一部分。在她的身體組成有……我唯一能想到的字是電線（wires，電線／金屬絲）。

朵：這些電線在她的身體裡面。（沒錯。）為什麼在她身體裡？

艾：因為她一直都跟在那裡的一切有聯繫。那也是她身為爬蟲類的基因組成部分。因此在變形為看起來的人類時，她保留那部分在身體裡面。

朵：那麼如果有醫生要檢查她的身體，這些奇怪的東西會被發現嗎？

艾：醫生會發現身體裡有奇怪的狀況。他們會發現能量流動的方式和向來所知的不同，因此會想要更詳細探究。

朵：嗯，所以我們不能讓那樣的事發生，對吧！

艾：對，我們不能。

朵：因為他們不會瞭解。就像你認為如果他們知道是怎麼回事，她在三歲就會有危險一樣。（對。）可是，讓我們這些在場的人知道沒有關係嗎？

艾：你們知道沒有關係，因為你們集體上來說是一個團體。將來有很多事會需要你們一起協助。

朵：所以你知道我們對她不具危險性。

艾：沒錯，她信任在場的每一個人。或者應該說，我們相信這裡的每一個人。他們互相有關聯。

朵：如果你不相信我們，也就不會傳遞這些資料了，對不對？

艾：是的。

朵：因為我絕不會讓我的個案處於任何危險的狀況。

艾：沒錯。

朵：那麼在場的這些人都是被選出來要知道這個資料的。

艾：這是為什麼我們等到最後一刻才參加。你知道的，最初並沒有名額。

朵：那倒是真的，她是最後一個參加的。

艾：我們必須確定在現場的能量跟將揭露的事是相容的。

朵：所以我抽到她的名字也不是意外。

艾：對，當她把名字放進盒子裡時，她就知道自己會被抽中，坐在她旁邊的朋友也知道。對她們兩人來說，這證實了她們的想法。

朵：所以，如果你不信任在場每個人都會保護她的話，這些資料也就不會被允許傳遞。因為我們不想這件事被知道（譯注：指她的身分），這會傷害到她，不是嗎？

艾：沒錯。

朵：我認為在場的每一個人都會保密。

在我說這句話的同時，我看了看在場的學生，他們全都點頭表示同意。我知道他們了解保護她的身分，以及剛剛得知的奇怪訊息的重要性。我同時也感覺，如果學生們沒遵守這個保護艾絲黛拉和她隱私的承諾，「它們」會知道的。我不知道如果違反承諾會發生什麼事，但我和「它們」工作了那麼久，我知道我必須聽「它們」的話，照「它們」說的去做。如果我沒有依「它們」的指示，資訊交流就會停止。我不知道對其他人會是什麼情形，但我想，這些學生們了解這個嚴肅性。

他們後來可能會疑惑這天早上到底發生了什麼事，但它發生得如此真實。我多年來已經很習慣跟這類存在體溝通，我知道對「它們」來說，要允許這類資料在這麼多人面前公開是很不尋常的事。也許這場催眠也就是要以如此生動的方式讓學生們了解，運用我的催眠技巧可能遇到的情況，如果類似的事在他們催眠時發生，他們就不會被嚇到。一次示範可勝過千言萬語。

艾：我們會注意監看。如果他們想分享部分經驗是可以的，但不要透露會讓她的資料曝光的名字和地方。

朵：是的。我催眠過很多這樣的人，我一直都被告知要保護他們。

這就是為什麼她的真實姓名、地點和種族背景沒有在書裡揭露的原因。

我對於她說放置在她身體裡的面板很好奇，因為聽起來跟我非常熟悉的植入物不一樣。「那個東西是放在她腦袋裡的什麼地方？」

艾：放在她的頭後面。

朵：就我所理解的，那是非常非常小的東西，對嗎？

艾：事實上，不是。這個特定的東西覆蓋她後腦勺的整個底部。因為有太多資料需要接收和傳遞，所以才會這樣設計。

朵：嗯，所以它比我知道的都要大。它是實體的，還是以太形式的東西？

艾：兩者皆是。起初是以太體，然後變成實體，這樣其他人才能感覺到它並因此有所察覺。隨著漸漸察覺到那個東西，他們也越能覺察到她是誰，我們是誰，並且分享這些知識。

朵：假如有人想要檢查她，這個東西會被X光拍出來嗎？

艾：這個東西被一層能量罩保護，只有被允許的人才能知道。

朵：這是為什麼她不會生病的另一個原因。你們不想讓她被檢查。

艾：對。

朵：你們也保護她免於各種意外嗎？

艾：對。她唯一必須被檢查的時候——這樣的時候不多——就是她懷孕時。不幸的是，對身體來說，由於這樣的情況，她無法自然生產，所以是以剖腹的方式生下孩子。

朵：所以這個身體的設計並不適合自然生產。

艾：沒錯。她的身體從未經歷你們所謂的「分娩」。

朵：可是醫生沒有在她身上發現任何不尋常的事嗎？

艾：沒有，因為她進入手術室後就完成生產，而且沒理由做其他檢查。

朵：那在生小孩之前呢？他們通常會在懷孕時做很多檢查。

艾：沒有做檢查，因為她很健康。他們只有確認她是否有適當的飲食，就這樣。至於飲食，她通常不需要吃很多這個星球的食物。她的口味很簡單。她吃的不多，尤其是過度加工的食物。那些食物會讓身體更稠密，她和我們都不會覺得舒服。

朵：所以吃較稠密的食物會讓身體更沉重，這會使另一個部分較難進入身體並維持控制？

艾：沒錯。

朵：為什麼她現在被允許知道這些事？

艾：因為是覺醒和教育的時候了。因為你知道越多，你能與他人分享的就越多。我們現在在實體地球層面所面對的是一場戰爭，但不是別人認知的那種實體戰爭。戰爭已經開始，正在進行的是有關黑暗與光明的戰役。所有的光將需要團結一致，合力散布光明，以便制止那些在掌控的人。

朵：這是她的工作的一部分？

艾：沒錯。

朵：有很多爬蟲類回到地球的人類身體嗎？

艾：我們這種很少，但有很多不同類的存在體也都來到這裡協助。

朵：我被告知有很多不同類的存在體來到這裡，而且有些是只在別的星球生活過的靈魂，他們志願在這個時候進入地球的物質身體來協助。

艾：沒錯。現在有很多是以物質身體的形式存在於地球，然而他們的靈魂，他們真正的身分跟許多其他事物都有聯繫。訊息已經給了他們，好讓他們能完全覺醒，知道自己的真正身分。是的，他們會知道來到地球是個體驗，沒錯，但他們有很多工作要做。

朵：在我的催眠個案當中，有些人有時候真的很難適應生活在這個地球。

艾：沒錯，因為你越是覺察到自己的來處，生活在一個這麼稠密沉重的星球就會越辛苦，這是因為地球的負面性。即使這些負面可以被用來協助其他人前進。

朵：他們就是這麼對我說的，他們說這個世界有太多暴力和負面的事，他們不想在這裡。因為這裡跟他們來的地方很不一樣。

艾：可是他們會待在這裡，因為這是他們做的選擇。

朵：但有些人因為太辛苦了，想用自殺的方式離開。

艾：就如我們知道的，這是個自由意志的星球。

朵：沒錯。而我接觸到的想自殺的個案，他們都奇蹟式地被阻止了。

艾：當有需要時，總是可以獲得協助，只要要求。

朵：現在他們知道了在這裡的原因，他們都說會留下來，即使不喜歡這個世界。

艾：沒錯。

朵：但我想問你，我注意到這些來地球的人有好幾波。和艾絲黛拉同世代的似乎比新一波的更難適應地球。

艾：這是因為現在來的這波對他們真正的身分有較多覺知。這些孩子需要被滋養，需要被理解——他們雖然在小小的身體裡，他們並不無知。他們比現在在這裡的大多數人類還要進化。

朵：這就是為什麼我要到很多團體演說，因為這些團體想教育那些教育者。教育者並不瞭解這些新小孩。

艾：沒錯。

朵：這些孩子似乎比較進化，但老師不知道要怎麼應付他們。

艾：這些小孩也需要被教導如何使用能量，因為他們將會協助這場轉化。越多人覺醒，這股能量就會越強大。

朵：所以如果這些新來者知道他們從哪裡來是可以的？

艾：他們選擇了出生在地球，因為小孩的心靈非常開放，他們有較多覺知。也因如此，他們能夠做得更多。在過去，當小孩覺察到什麼的時候，通常大多數大人會告訴他們，那是他們捏造的，而且不鼓勵他們有這樣的覺察。

朵：你認為現在的大人比較能瞭解了嗎？

艾：會有更多大人能夠瞭解，而且小孩也能教育大人覺察。

朵：現在的問題是有些老師和醫生會讓這些孩子服用藥物。

艾：這要取決於家長，他們要表達立場，要說不。這些孩子的意識就是他們來此要起的作用。有人在寫關於這些孩子的書。大家可以分享這些知識，讓那些父母知道他們的孩子是怎麼回事。

朵：我被告知這些孩子是這個世界的希望。

艾：沒錯。以靈體的形式可以做很多事，但許多靈魂選擇以實體／身體形式來進行。

朵：大人給他們的藥物太強了，這不是件好事。

艾：現在在使用的藥物都不是自然的方式，而且要注意，將會有很多藥物是想麻痺心智，使身體生病。這是一種清除許多人的方法。

朵：你的意思是有些藥物會被刻意用來清除這些孩子？

艾：不只是孩子，還有大人。這是有關那些試圖控制和操縱的人的實情。

朵：我曾想過這可能是清除的一種方式，因為他們談到要對所有人施打我們不需要的疫苗。

艾：沒錯。很多人對正發生的事一無所知，但這不是他們的錯，因為他們被那麼告知，也那麼相信了。這就是要意識到你是誰以及你在此要做什麼的原因。因為你會開始覺察到事情並不像表面看起來的那樣。有許多事在悄悄進行。

朵：可是他們利用恐懼來使人們同意接受藥物和疫苗接種。

艾：沒錯。疫苗接種會被用來阻止許多人。人們需要記得，只要有恐懼的地方，就有來自外在力量的控制。

朵：所以我們主要就是要維持健康，這樣就不需要藥物了？

艾：對。要覺察你在對自己做什麼。在尋求和使用藥物前，先找尋其他途徑。有時候是會需要藥物來協助身體，不過，只要你做些研究，任何事都能解決，除非那是你選擇學習的課題。

朵：可以使用像是草藥和礦物質的天然物質嗎？

艾：可以，但真正需要的是允許身體療癒自己，因為身體有這樣的能力。

朵：但我們要如何阻止政府給我們不需要的疫苗接種和注射？

艾：這是表達立場的問題。如果沒有表達，那麼政府就會繼續做他們現在在做的事。終有必須做出選擇的時候。如果你們記得這是場心靈的戰爭，那麼有什麼好害怕的呢？

朵：所以有很多存在體已經來到我們的世界幫助我們。他們很多都是像這樣以身體形式生活在地球。

艾：沒錯。

朵：他們在意識上並不知道他們其實是來自別的地方。

艾：有些人知道，有些人更覺醒了。但是，沒錯，有很多人還是一點都沒有覺察。

朵：我所理解的是，爬蟲類是在另一個方向發展。所以你們看起來才會不一樣，是嗎？

艾：沒錯。這跟生命發展的地方和條件有關，它決定了生命的外貌。生存的環境決定了他們的外觀，也就是要用什麼形體才能在那個地方生存。

朵：是的，這很合理。我聽說有的生命是向爬蟲類發展，有的在昆蟲類發展，我們則是在哺乳類。

艾：沒錯。部分原因就是星球的條件。

朵：對。星球的條件、環境和所謂的「原始湯」(primeval soup)跟他們的發展方向有關。

艾：沒錯。

朵：但精神體，靈魂，能夠進入任何它想進入的身體形式。

艾：是的。這就是你們需要記得的，不論身體的外形是什麼，真正的你是靈魂／精神的形式，而那永遠都會是能量與光。

朵：我們只是進入不同的身體獲得不同的經驗和學習。

艾：沒錯。

朵：艾絲黛拉想知道她的人生目的。為什麼她在這裡，她應該要做什麼？她覺得她的人類生命道路有很多阻礙，而她想做她該做的工作。針對這些，你能告訴她什麼？

艾：她現在來催眠後，就會開始做更多她的工作了，因為她對我們是誰有更清楚的瞭解和覺察。雖然我說「我們」，但我們是一體的。現在她有了這樣的覺知，也能心平氣和的接受，她將會前進。因為她會讓指引進入並且遵循。

朵：她現在會更有信心了。

艾：沒錯。

朵：可是這會很辛苦，因為她不能對別人說這些事。她可以嗎？

艾：未來她會有機會說。她本來就是要教育人們和幫助他們憶起他們是誰，以及來自何處。

朵：你是指來自源頭嗎？

艾：是的，來自源頭。但是是幫助他們憶起個人的靈魂經歷以及他們為什麼選擇現在在這裡。她也是來教導他們關於不同次元和星系的存在體、這些存在體為何在此，還有他們如何運作。人們對來自其他地方的生命有許多誤解和恐懼。對人類來說這一直都很困難，他們有時連自己的人類夥伴都不喜歡了，怎麼期待他們開放自己去接受來自其他地方的生命呢？但這很重要，因為事情正在加速進展。那些掌控的人覺察到覺醒正在發生，因此他們會試圖去阻止這個覺醒，或至少使它慢下來。

朵：可是事情在改變了。速度在加快了。如果讓艾絲黛拉記得今天的這些訊息會不會是明智的做法？因為通常被催眠的人並不記得催眠內容。

艾：這是好方法，因為會幫助她知道和連結，並且讓她獲得平靜。

朵：我可以使用這次資料的某些內容在我的工作嗎？

艾：這次的催眠不是巧合。她知道，你也知道。

朵：但我都會先要求許可。

艾：是的，你可以隨意使用所有的資料。

朵：因為我從許多不同來源獲得資料，並且把它們像拼圖一樣地拼湊起來。我不會洩露她的身分。在我書中的個案都是匿名的。

艾：她不擔心這個，因為你和她在很早前就有連結了。你們曾在亞特蘭提斯時期一起工作。（真令人驚訝。）你們使用水晶。你們跟使用水晶能量很有關聯。

朵：是在實驗室嗎？

艾：不是在實驗室，是在開放的空間用水晶來療癒。比較像是神殿而不是實驗室，這是以你們現在對神殿的認知來說。你們兩個人用水晶做療癒工作。那些知道如何連結（水晶）能量的人可以用水晶完成奇蹟般的工作。在這個房間的許多人在亞特蘭提斯的不同時期曾經使用水晶。療癒是水晶的禮物，水晶可被用來收集訊息，並協助人們從事更深層的療癒工作。

朵：我一直都被告知亞特蘭提斯存在了幾千年。所以這房間裡有很多人都曾活在那個時期？

艾：這當中的多數人在那個時期有過很多世生命。如果他們懷疑，他們可以用這個方法（譯注：指量子療癒催眠法）來重新找回知識。

朵：對，他們正在接受訓練，用這個方法重獲資料。

艾：沒錯。這是我們共有的連結之一，我們都曾生活在亞特蘭提斯時期。他們可以用這些方法重獲資料，然後他們可以使用水晶，因為水晶儲存許多知識，而且水晶還有人們尚不知道的許多療癒用途。現在是重獲這些資料的時候了。對很多事來說，現在是很好的時機。是時候要變得更覺察，使自己更有力量。如果有任何對物質信念的障礙需要清理，清理是必要的，這樣你的靈魂就能跟你有更多的溝通，你也就能執行你來此要做的事。這不是恐懼的時候。這是覺醒和歡欣的時候，也是發現你是靈性存有，你因為許多原因而來到這裡的時刻。

朵：這是這些學生都聚集在這裡的原因之一嗎？

艾：是的。他們都感覺到彼此能夠良好溝通並不是意外。而且他們在更深的層次溝通許多事，這些事將在近期發生。

朵：所以他們是要帶回和使用這些知識，並透過他們催眠不同的人重新找回更多知識。

艾：沒錯。

催眠到了該結束的時候了，因此我問潛意識（就如我向來的做法）在我們離開前，有沒有任何訊息或建議要給艾絲黛拉？

艾：她會發現，接下來許多事都會像幾個禮拜前那樣自然發生。她會發現，她只要心裡想某件事，她就會看到結果。這就是我們攜帶的部分能量。

朵：而且她一直是被保護和照顧的。

艾：她從不曾害怕或是質疑她不會被保護和照顧。

朵：她在意識上並不知道這些事，對吧？

艾：沒錯。她現在可以知道了，因為她要求知道好一陣子了。她瞭解她做了許多事，也知道有很多事在發生，但她需要在意識層面上更確信。

朵：我們不想做任何會傷害她或造成她困擾的事。她只會知道她這時能夠處理的事。

艾：沒錯。

朵：好。我要謝謝你來這裡並提供我們這些資料。你讓在場的每個人都能聽到這些真是太棒了。

艾：來到這裡和你們一起，我也感到榮幸和開心。記得，**我們會看著你們每一個人**，而你，朵洛莉絲，你將發現更多攜帶這個特殊能量的人，因此你會獲得更多資料。

接著我請這個存在體離開，我下整合的指令並將艾絲黛拉帶回意識清醒的狀態。她在滿是震驚的觀察者的房間裡醒來，對催眠內容幾乎沒有什麼印象。

★　★　★

這個催眠在很多方面都令人訝異，學生們真的印象深刻，我相信這讓他們看到了用這個方式探索潛意識所能達到的效果。剛開始我對結果會是如何有些保留，因為環境的關係，許多人擠在這個汽車旅館的小房間，而這個氣氛對艾絲黛拉進入出神狀態並沒有幫助。沒有人喜歡被人觀看。我心裡想的是有可能什麼事也不會發生。但「它們」早知道結果；潛意識從一開始就在精心策劃這一切了。

艾絲黛拉在最後一刻決定來上這堂課，而且很巧地剛好有人取消報名，因此空出名額。也有幾個人在最後才取消報名，但「它們」說那不是意外。那次在現場的人，本來就是要目睹這場驚人的催眠。而且我會抽到艾絲黛拉的名字顯然也不是意外。這更加證明這一切都無法事先安排，因為沒有人知道哪個學員會被抽中。是的，這次的催眠令我和學生非常驚訝，但我回到家後，又發現另一件令人吃驚的事。

催眠結束後，我告訴學生我會拷貝錄音帶，連同證書寄給他們。當晚在所有人離開汽車旅館，踏上回家的旅程之後，我才想到我應該要做，卻在突發狀況下忘了做的事。我後悔沒有從一開始就錄下整個導引過程，因為對學生們來說，這會很有幫助。我在課堂上給了他們導引的示範錄音帶讓他們在課後練習，但我認為，如果他們聽到整個過程會很重要。這個疏忽很自然，因為我每次催眠都不錄導引詞。我覺得浪費錄音帶，而且我也不希望個案在事後重聽帶子時聽到導引程序；我的聲音很可能會讓他們又進入催眠狀態，我不希望我不在他們身邊時發生這種事。因此我都是在個案走下雲端並進入前世之後才開始錄音。

在艾絲黛拉的例子，她幾乎沒有讓我完成導引程序就已經身在一個適當的場景。麥克風在床邊的小桌上，當我意識到她已經開始敍述，我趕緊抓起麥克風並打開開關。之後我氣自己沒有在催眠一開始就錄音。直到隔天，我才知道「它們」也插手了這件事。

隔天我在辦公室要拷貝錄音帶，我決定先重頭播放這卷帶子，我想知道是從哪裡開始，以及我突然才按下錄音的舉動是否讓催眠的前段不夠完整。我女兒南西當時在電腦前讀她的會計。在我開始放帶子時，她聽到我倒抽了口氣，她問我怎麼回事。我說：「你絕對不會相信！錄音帶上竟然有整個導引過程。催眠一開始就錄音了！可是這不可能呀！」

我立刻打電話給朋友葛拉蒂絲．麥考伊（Gladys McCoy）。她先生哈洛德（Harold）是費耶特維爾市歐札克研究協會（Ozark Research Institute）的會長。她是我認識很久的老朋友，也是這堂課的學生。她在催眠進行時正好坐在我對面，她可以很清楚看到所有發生的事。我告訴她導引詞出現在錄音帶裡。

她說：「不可能啊！我很仔細在看你怎麼做導引。麥克風在桌子上，你沒拿起來也沒有打開，是直到她進入出神狀態你才拿起麥克風的。」她也無法解釋這個謎，因為她知道她看到的是怎麼回事，我也知道我當時是怎麼做的。當我郵寄錄音帶和證書給學生時，我附上一封短信，告訴他們這件事。這樣他們就會知道他們見證了一個比他們所以為還要奇怪的事件。對這次的催眠，我仍然沒有合理的原因能夠解釋，尤其是導引過程被錄下來。唯一的答案是「它們」在控制所有的事。「它們」想讓學生有完整導引和催眠經過的錄音。所有學生都同意保密這次的催眠，他們保證不會洩漏艾絲黛拉的身分或所在地。我相信他們能感覺到如果違反這個信任，可能會有什麼事發生。我們全都意識到我們面對的是比我們這群凡人高等許多，而且有更多知識和控制的存在體。我永遠不會忘記這次的經驗，我也確信所有在場的人都會記得。

但我怎麼想也想不到同樣情形會在下一班就再次出現。「它們」一定有在監看我的行動和課程。

★ ★ ★

我認為艾絲黛拉可能就是我在英國催眠羅伯特時，被告知會遇到的七位使徒或特別人士的第二位。我當時被告知會遇到其中一些，不是全部。而且我不可以介紹他們認識，因為他們的工作在這時候必須分開完成。如果艾絲黛拉就是來此協助地球通過動盪期的特殊團體中的其中一位，那我們就曉得有一位是在英國，一位在美國。我被告知他們生活在不同的大陸，而且有不同的文化背景。

要在兩個星期內在距離半個地球遠的地方，從全世界數十億人口當中，發現這特殊團體中的兩位，這樣的機率會有多少？我想是微乎其微，但我毫不懷疑它確實發生了。我從來不知道「它們」下次會為我安排些什麼，我就是繼續進行我探究未知的工作。

二〇二二年六月加註：

這一年多來，全球各國因新冠肺炎的疫情而努力推動疫苗注射。此章正好提到疫苗，也因有讀者曾有疑惑，故於此說明宇宙花園的想法。

疫苗有很多種，不論是針對什麼疾病，要研發出有效和安全的疫苗需要多年的時間。現今的新冠疫苗是因應迫切的疫情，在具有相對安全和有效數據下緊急通過使用。我相信科學家研發新冠疫苗和藥物的意圖是良善的，是為拯救人命、解決人類問題。科學數據和至今的事實也證明，新冠疫苗確實可產生抗體，疫苗和藥物都有效降低了中、重症和死亡率。然而，新冠病毒也不斷在改變並突破免疫的防線，也因此，現在的疫苗面對變種病毒，效益不可避免地會遞減，持續研發是必要的。

這段期間，有某個反疫苗的神棍教派側翼，把注射新冠疫苗形容為滅絕人類的方式，但卻不用其組織的名義，而是亂用已逝的朵洛莉絲．侃南為他們的反疫苗（和新冠疫苗）背書。這種對事不求甚解又以偏概全、斷章取義、混淆視聽的行徑，非常不道德。如果注射新冠疫苗是滅絕人類的手段，那現在地球上的人數早已大幅減少。有些人可能會說疫苗會導致不孕，但這也毫無邏輯和數據證據；當把人類滅絕了，對發明疫苗的人究竟有什麼好處？

疫苗不是壞東西，像是小兒麻痺症便是在實施預防接種後幾乎絕跡。這不是很棒的事嗎？這也是科學為人類服務，造福人類的眾多例子之一。只因為人類歷史向來不乏因野心和貪婪而製造恐懼、操控人心的事例（尤其是在政治和偽宗教領域），並不表示所有醫藥的發明運用是別有用心。無論你對疫苗的看法為何，希望那是經過你自己探索、思考，有足夠了解後所得的結論，而非道聽塗說或只從一個小點來論全面。

凡事保持客觀開放的心態，不要因認同或為宣傳某些想法而刻意以偏概全，也不要把疫苗和所有藥物妖魔化了。不必恐懼，它們不是洪水猛獸。雖然現今的地球氛圍對許多議題越來越兩極化，但在相信身體的自癒力和自然療法的同時，真的不用那麼極端的否定疫苗和藥物的幫助；它們是有方法可以相輔共存的（在人類進化到不需藥物之前）。

提醒一下，第一二六頁的重要訊息：「身體有自我療癒的能力」「維持健康」「覺察你在對自己做什麼」。訊息也說，「有時候是會需要藥物來協助身體」，並未全盤否定藥物。事實上，藥物的作用在於透過它較快速的舒緩病痛甚至抑制症狀的惡化，某程度而言，這是在爭取時間讓身體修復，進而發揮其自愈力。但過度依賴藥物而不去了解身體透過病症所傳遞的訊息（可參考《靈魂在說話》），只一味治標不治本，就會有害身體並破壞其自癒的能力了。

在我認為，世上沒有什麼是絕對的，以藥物來說，它是藥也是毒，其中奧妙就在於平衡二字。許多東西是中性的，製造者的動機、使用者的目的／使用頻率都決定它的影響會是正面或負面。所有物質界的東西事實上都是心靈的產物。所以說到底，心決定了一切（先不談背後的奧妙和繁複機制）。

可惜艾的SC沒進一步說明會是什麼疫苗接種不需要，這章也沒有就疫苗做全面和細節的探討。如果有，也許他人就沒有見縫插針的機會或產生誤解的可能。當然，也或許在這場催眠二十年後的現在，事情的發展趨向已有所不同。

這個題目還有其他相關層面可探討，比如人類身體的設計、健康、疾病、業／課題、所謂的新小孩和用藥，光明與暗黑力量在地球的角力、現今的醫療體系弊端、自然療法和信念等，日後再談。

——園丁

第四篇

智者

第十五章　憶起智者

二〇〇一年九一一攻擊事件後的那一整個星期，我都在內華達州的拉弗林市（Laughlin）出席幽浮討論會。那是很特別的一週，這次催眠便是我在那週進行的十二場催眠的其中一場。十二場催眠裡，十場有我可以使用的資料，或是提供給我個人的訊息。

在討論會期間，我和芭芭拉·蘭姆（Barbara Lamb）共同主持每天早晨的幽浮經驗當事人聚會，維吉妮亞便是出現在早晨的聚會。這些聚會是為了那些認為自己曾有過幽浮經驗、被外星人綁架的人所舉辦，好讓他們能跟其他有相同經驗的人交流分享。維吉妮亞懷疑她有過幽浮事件，這原是她這次催眠要探討的重點，然而催眠卻是朝另一個方向發展。維吉妮亞長得很好看，而且完全看不出有五十多歲。她曾在一間大醫院擔任護士多年。

當維吉妮亞走下雲端，她發現自己在一個寸草不生的荒蕪環境裡。沒有植物草木，只有一片黃土延伸到幾里外的黃色山丘。這是個沒有人煙的地方。她不喜歡這裡，因為太荒涼了。「我喜歡綠色植物，喜歡棕櫚樹，但這裡什麼都沒有。」

維：這就是我能看到的。（沈默一會兒）我開始看到有人在遠方。一長列人。還有駱駝。那些人大都牽著身上背負許多東西的駱駝。偶爾有人坐在駱駝上面，但大多時候，人是用走的，駱駝背著他們的寶物、商品和貨物。他們要把這些東西帶到市場交易，去交換其他東西。我看到他們在遠處正經過我現在的地方。他們沿著這條路從我的右邊往左邊走去，但他們離我有點遠。除了他們之外，我沒有看到別人了。這裡很荒涼。那些人必須要裝備妥當，帶上些食物，也要知道水源在哪裡。我現在只看到有人走在這條既漫長又炎熱的路上。

我請她形容自己。她是皮膚黝黑，有著一頭黑色長髮的女性，和她現在的膚色和髮色完全不同。「我穿著很簡單的涼鞋，我想是我自己做的。是照我的腳型從獸皮裁割下來的。我穿著一件寬鬆的袍子，白色的，但不是純白。袍子很寬鬆，因為天氣很熱。衣服很通風，是我自己編的，很合用，透氣合身。我們都自己做衣服穿。」

我問她感覺自己是年輕還是老，她說：「在我的文化裡我快要算是老的了。我差不多三十五歲。身體感覺健康，可是疲憊。有很多需要勞動的工作，對身體很折磨。我累了，我太認真做事了，而且有太多的責任，但沒有足夠時間休息和玩樂。生活中有太多事要做，活得很辛苦。」

朵：你住在那裡嗎？

維：我們住的地方部分是洞穴，部分是沿洞穴入口周圍蓋的建物。在洞裡我們可以躲開炎熱。有時候晚上比較涼，我們就會走出洞穴。在洞穴外有比較涼快的建築，我們在那裡有一些器具和東西。

朵：你們有很多人住在那裡嗎？

維：不像以前那麼多了。……很多陶器碎片，沒有人家。我們一直很害怕。有好幾幫掠奪者經過。我們總是很怕會再被攻擊。已經有很多人被殺了，有些婦女被侵犯，(情緒激動)有時候連小孩子都被偷走。

朵：他們把小孩帶走？

維：（哭泣）對，他們帶走小孩。用他們的方式養育。他們想增加他們的人，減少我們的。他們恨我們。（哭泣）我不知道為什麼！

為了緩和她的情緒，我必須轉移她的注意力，這樣她才會停止哭泣，繼續敍述。

朵：你們的人住的洞穴前面都有建物嗎？

維：（抽噎）我們只知道這個方式。我知道有別的人過不同的生活方式，但這些是我的同胞（啜泣）。

朵：你家裡有多少人？

維：我有丈夫和兩個小孩。我還有另一個小孩……（難過的口吻）他已經沒有跟我們在一起了。（啜泣）那些人來這裡挑了他，把他帶走了。

朵：這是為什麼你會情緒激動，因為你失去了一個孩子。

維：（哭泣）是的，我失去了一個孩子。我不知道他後來怎麼了，但我聽說他們把他當自己人撫養。（抽噎）他們想增加他們的……我想說的是「他們的人」。

朵：如果是那樣的話，他們就不會傷害他了。

維：不會。(抽噎)我聽說是這樣，我希望是真的。(啜泣)可是我很想念他，我希望他一切都好，不要太害怕。

朵：你還有其他孩子。

維：我是還有其他孩子。我還有一個兒子和一個小女兒。(啜泣)但我總是很怕事情會再度發生。太辛苦了。生活很辛苦。有時候我會想為什麼生活這麼艱苦。(啜泣)我們為什麼不能就是開心自由。我記得自由的時候。我不知道我為什麼記得，但那比現在好多了。

朵：你們很難在外面找到食物嗎？

維：很難。有些地方有水，有無花果樹和棗子。我們可以外出搜集食物帶回來，但是出去實在是件可怕的事。我們會跟一些人交換東西，這樣我們就有做麵包的材料。(啜泣)可是在外面找食物不容易。我們必須小心。

朵：你們為什麼不住在鎮上或城裡？那樣不是會比較安全嗎？

維：我們不知道有那樣的生活。太遙遠了。我們不是城市人。這裡就是我們知道的地方。我們聽過有其他比較大的居住地，但也聽說那裡有不好的事發生。所以我們沒有想過要去。

朵：如果你們去那樣的地方，也許會比較安全，因為那裡的人會比較多。

維：也許吧。也許。但這裡就是我一直住的地方。

朵：你們有動物嗎？

維：我們有些人有驢子，有些人有駱駝，但不是很多人有。

朵：我在想如果你們有這些動物，出去找食物就會比較方便。

維：是的，我們會去某些地方交換東西。我會編織，我拿我編織的毯子和籃子交換吃的東西。我們會交易，那些經過我們這裡的人走的就是這條商隊的路線。這條路線離我們住的地方不會很遠。我們有時候可以從他們那裡取得一些東西。

這可能就是她在催眠一開始看到的長隊伍；走在這條路線的沙漠商隊。

朵：所以你們可以生存。

維：可以生存，但很辛苦。

朵：你大部分的時間都在編織嗎？

維：我編織，而且我試著用能找到的染料讓毯子更漂亮。我可以拿到羊毛。有的人有山羊。我會編毯子。如果我能拿到合適的染料把織線染色，我就會試著編些花樣。有一些設計會讓我比較開心，希望這也會讓其他人開心一些。我覺得我需要創造美麗的事物。這很重要。

朵：你先生在你們的小團體裡做什麼工作？

維：他照顧羊群，他把羊帶去有水源的地方。有時候在某些水源區附近也會有草，羊可以吃。他帶羊群出去就是一整天，有時還會超過一天。我們從羊身上取羊奶。我們也吃羊肉。這讓我很不忍，吃自己的動物令我難過。我不喜歡吃牠們，可是我們必須生存。我們必須讓自己有營養。這些動物是我的朋友。

朵：這表示你多半是獨自一人，不是嗎？

維：是的。這附近還有其他人，我不會覺得孤單。我先生常常不在，我就是做我的編織和思考。這樣很好。

朵：而且你還有小孩要照顧。

維：對，我要照顧小孩，我喜歡照顧他們。

朵：聽起來你在那裡不是真的很快樂。

維：有很多工作要做。可是我就是知道生活並不只是努力生存和照顧家人。我愛我的家人，我想照顧他們，但某部分的我知道這並非全部。這不會是生活的全部。有時候我渴望去其他地方，渴望自由。一定還有別的東西。人生不只這樣。有時候我就是知道我記得——我不知道我是怎麼記得或記得什麼，但我就是記得生活並不是像現在這樣。（啜泣）這些揮之不去的記憶讓我想到這個人生是如何辛苦。但我知道人生不是都像這樣辛苦，這也幫忙提醒了我，未來將會有別的事情，生活會再次像我知道的那樣。

朵：知道卻又不能完全記得，這會很令人困惑。

維：是的，很困惑。我知道，但我卻不知道我為什麼知道。而且好像也沒別的人知道。

朵：他們沒有這些記憶？

維：看樣子是沒有。（她哭了起來）為什麼他們不也知道呢？（她開始大哭）有時候他們覺得我瘋了，他們認為我腦子有問題。（抽噎）所有人想的都是做麵包或吃東西，我卻是**想事情**。我不知道為什麼我要**想事情**，但我會想別的事，我也不知道我為什麼會知道要去想。（吸了吸鼻子）事情跟以前不一樣。以前的日子是平靜的，我是快樂的。而且我不用那麼辛苦工作。（啜泣）

這聽來和某些現代人的經驗很像。他們有其他轉世和生命的記憶，但他們不知道這些記憶是從哪裡來的，因為這和他們目前的現實生活很不一樣，尤其是跟他們的教會所灌輸的想法很不同。這樣的情形對現代人來說都很困惑了，所以不難了解這對一個生活在不知名的地方，而且沒有受過多少教育，也沒有接觸過其他思想的女子來說，有這種感覺的確很奇怪。她顯然有別世的模糊記憶，卻沒有合理解釋。這只讓她更不快樂，而且感覺跟她的團體有距離。這種試圖去適應以及被誤解的挫折感似乎亙古不變，它彷彿不分國界，從這個地球開始有會思考的人類開始，這種感覺就一直存在。這個感覺也部分解釋了潛在的「回家」渴望。

朵：有那樣的記憶只會讓你更辛苦。

維：(吸鼻子)很難熬。跟那些認為我腦子有問題的人相處真的很難。

朵：可是你知道你並沒有問題。

維：(情緒激動)有時候我會懷疑我是不是有問題。

朵：你只是有些不一樣，就只是這樣。你記得他們不記得的事。不過沒關係，你可以告訴我。我能瞭解。

我引導她前往重要的一天。在一個每天都過著一成不變的日子的平淡一世，被催眠者通常很難找到重要的一天。而且由於他們的生活是如此平凡，通常他們認為重要的，對我們來說並不重要。

朵：這天是重要的一天，你在做什麼？你看見什麼？

剛才難過的情緒不見了，她的聲音恢復了正常，甚至顯得平淡。

維：喔，就像其他天一樣，我開始一天的生活。起床做準備，還有準備家人的食物。然而，今天是值得記住的一天，我要跟某個人見面，這個人將改變我的人生。

朵：你怎麼知道？

維：喔，我還不知道，但就是今天了。從「這裡」的觀點來看，這就是我出去遇到貿易商隊裡一個很特別的人的日子。……我帶了一些毯子和籃子出去。商隊裡有個人。他跟著商隊才沒多久，可能他要去的地方剛好和商隊一樣吧，但他不是商人。他的年紀比較老。（口氣嚴肅）他是知道有「其他事」的人。商隊停了下來，於是我帶著我做的東西過去。他們要在這裡過夜，這個人是跟著他們一起旅行。他很不一樣。他溫和有毅力又博學多聞，而且非常非常謙遜。不像這條路線的有些人，他們看不起你，他們認為自己很重要而且無所不知。這個人會對我說話，他跟我說話的態度就像我也很重要。他的眼睛看著我，而且這樣叫我：「我的孩子」。他告訴我別的事、其他地方的事，甚至其他時間的事。他可以看著我然後就知道所有關於我的事情，我甚至不用告訴他。他能感受到我的痛苦。他感受到我對生命的困惑。他知道我的生活是怎麼回事。我曾自問：「我們來這裡做什麼？就只是這樣嗎？為什麼這裡的生活沒有我記得以前有的那些事呢？」我盼望看到水。我曾經聽說在其他地方有很多很多的水，但我從來沒看過。我想要到有很多水的地方。這會讓我的生活容易許多。他談到水（她在哭泣）。他談到生命之水。他談水就好像他不是真的在談水一樣。（哽咽）他說的一些事都讓我有自由的感覺。那是關於我內在是誰。他告訴我……如果我能努力回想……那麼……某部分的我可以到其他地方而不用帶著我的身體。這個身體並不是真正的我。我可以去其他地方而不用擔心不夠有錢或是沒有很多機會，我可以現在就在這裡做我自己。我也可以進入其他界域，甚至其他時間。我可以去拜訪我在別的時間和地方所認識的朋友。他也提到天使。（語氣輕柔）我一直會看到東西，但我沒有說出去，我連我先生也沒說。我看見有人來，他們是光做的。他們對我說話，但我懷疑自己是不是瘋了。他告訴我，這些是愛我的人，是偉大的存在體，而且他們也想念我。他們來看我，我可以跟他們走，無須任何交通工具，可是我以為我一定需要。我可以跟他們走，可以去探視別人。我甚至可以吃任何想吃的東西。我能**感覺**自己像是在吃所有想吃的東西。我想這並不是真的，但我能夠享受擁有想要的東西的那種感覺，包括許多學習。因為我很想知道更多事情。（她又激動起來）可是在這裡我沒辦法知道。沒有人可以教我。但他告訴我，我可以知道的（她在哭泣）。這讓我很難相信。我想相信。我想了解更多。我覺得我知道更多了，但又像沒有。這很難解釋。他告訴我，我可以去很多地方，只要我跟這些我看到的偉大存在體在一起，那些我沒跟別人說的人……他們是光。他們看起來就像是由蠟燭火焰或之類的東西構成。

朵：他們是在你一個人的時候來找你的嗎？

維：他們是在晚上大家都睡著時來的。有時候我看見他們，有時候他們會跟我說話。我從來沒回應他們，因為我不想吵醒任何人。但我會聽他們說話，然後我會想也許我精神錯亂了。我想聽他們說話，可是……有時候我真的很不想他們離開。

朵：這個人能夠瞭解這些事？

維：他瞭解這些事，他也瞭解**我**。他懂我的渴望，懂我的挫折沮喪。他知道我想知道。他告訴我，我可以去很多地方。去那些可以學習的地方。而且我只要在我現在的地方做我自己就可以了。這對我來說很興奮。

朵：這些想法很奇特，不是嗎？

維：的確很奇特。從沒有人提過這些事。

朵：你知道這個人是誰嗎？

維：他跟我提到有個人跟他的關係很久了，他們倆人都越來越老。他說他們曾經必須逃離另一個國家。他們在我的國家已經很多、很多年了，他們這一世所剩的時日已經不多。他還告訴我其他人世的事，要我不要害怕。他說的那個人是一個充滿平靜和愛的偉人，他一直是他的朋友，而且保護他好多年了。他們老了，越來越疲憊，渴望回到他們來自的地方。我一直知道我來自別的地方。他告訴我當我們結束這一生之後，我們就會回到那裡。那裡很棒、很美好，他很快就要回去了。他和他的大師——他這麼稱他——很快就要回到他們來自的地方，跟他們來到這世之前的其他地方的朋友在一起。他已經學到很多東西。他知道很多事，而且也跟這位他所稱的大師分享了很多經驗。

這聽來不像是耶穌，因為這個人太老了。我好奇她是不是住在聖地（the Holy Land），如果是的話，那麼這個人可能是旅行各地並教導他人的耶穌的門徒之一。

朵：你居住的地方有名字嗎？

維：它的名字像是我知道的一條河。我聽到人們提到一條大河。印度河。我住的地方就在這條河附近。我們沒有給這個地方名字。

朵：這個人有說他是從哪裡來的嗎？

維：他曾去過很遠的西方，他現在要去拜訪他曾住過的地方。他要回去是因為有重要的人要見。他希望能跟他們保持聯繫。那個地方實在很遠，這些商隊路線通往那個方向，他跟這些人一起旅行是為了有保護。

朵：好。這是很重要的一天，你在這天遇見了這個瞭解你的人。

維：他繼續旅程，但他給了我一個誰也拿不走的禮物。（啜泣）他幫助我瞭解。他也告訴我允許自己瞭解更多內心的感受，而不是抗拒。他告訴我學習以及去其他地方的方式。怎麼在這裡過我的生活，然後也能去其他地方。能夠照顧我的家庭。做個好妻子。好母親。我可以編織我的籃子和毯子，我也能自由去其他地方，認識和瞭解其他事。而且也能養活自己。

朵：這很重要。他給了你很棒的禮物。

接著我再度引導她去那一生的另一個重要日子。

維：我……（大嘆一口氣）準備要往生了。這個身體很虛弱，我很老了。我開始看到一些異象。自從我遇見這個人之後，我到過許多地方。他告訴我他是猶太人。

朵：他說他是從那裡來的嗎？

維：他來自猶太（Judea，譯注：古代的巴勒斯坦南部），我不知道這個地方。我在人生末期比起以前快樂多了，因為他教導我很多事。他教我如何在當下自由。他告訴我離開身體，也就是我們所說的「死亡」這件事，他要我不用怕。在他之後，我還接觸過其他人，也向他們學到了很多。偉大的生命永遠不死。我知道我只是短暫來此。我還有其他事要做，其他地方要去，並和其他人互動。我要離開這個身體了，我沒有恐懼。

朵：所以你的身體並沒有問題？只是筋疲力竭了。

維：是的，筋疲力竭了，而且我在這裡的時間也已經到了。我的家人很哀傷，我告訴他們不用難過，然而他們怎麼也不瞭解。他們從不瞭解我。他們很高興我在晚年的時候比較快樂了，但他們不曉得為什麼。我告訴他們不用為我的往生感到難過，他們也不懂為什麼。我試過教導別人，他們不是很能接受。

朵：但你一直都跟他們很不同啊！

維：我是啊！我的孩子因為愛我和尊敬我，所以認為我可能是對的，然而他們受到別人的影響還是比我影響他們的多，我很遺憾這麼說。但我要走了。對於要離開，我沒有不開心。我知道我可以看顧我的家人，我的孩子，而且他們有自己的生活要過，但我知道我可以像那些存在體看顧我一樣地看顧他們。

我引導她來到離開身體（死亡）的那個時刻，並請她告訴我是怎樣的情形。

維：非常、非常、非常平靜。我看到我的天使朋友們。他們向我伸出雙臂。我感到越來越輕，越來越輕，越來越輕，最後我飄向他們。我在一個充滿愛和平靜的美好地方。平靜、愛、光和自由。回到我屬於的地方，感覺真的很棒。我覺得我才剛離開，好像才離開一分鐘。我這生似乎很漫長很辛苦，但現在卻感覺像是一分鐘而已。

朵：你現在看著你剛離開的這一世，你可以從一個不同的觀點來看待這一切。你那一世的目的是什麼？

維：我是要學習整合這個靈魂領域和人世領域。人世的日常生活。我是要來學習如何把我所知道的較高領域的事物整合到我平日工作的世界。我還沒能掌握。但我在這一生學到很多。我所經歷的痛苦都是值得的，因為我學到整合是可行的，可以成功整合在一起。

朵：即使你被反對和嘲笑。

維：地球的生活總是會有對立。當你帶來有關天堂領域的記憶和知識，以及當你憶起前世和其他事時，就是會有反對的力量。總是會有人就是在那個層次，他們甚至會猛烈抨擊那些只是建議或提到有那些事存在的人。所以，這樣的經驗對我的來世也有幫助，因為不論我在哪一世，總是會有抗拒的人。

朵：但是當你在物質世界的時候，有這些記憶不是會讓生活比較辛苦嗎？

維：我好像永遠都會有這些記憶。我被告知我不會完全忘記這些記憶。這是為了要幫助我整合，因為我在較高的層次選擇了不完全遺忘，不全然被隔於記憶面紗之後。這是我做的選擇，因此我也必須學習如何整合。

朵：可是帶著這樣的記憶生活不是會比較辛苦嗎？

維：確實是辛苦的一世。但從我的較高視野來看，我選擇在物質／實體生命裡遇到困難，這將有助我的靈性成長。我的生活過得輕鬆與否不重要，唯一重要的是我成長多少，這是我選擇要走的道路，而不是進入一個對較大全局一無所知和麻木的一世，然後忘記自己來此的目的。辛苦對我來說不重要。我來到這世就已帶著我要來學習事情的記憶。有時候我需要一些時間振作起來，去想起那是什麼，要如何去做。這是我跟長老們諮詢後所選的路。

朵：對，但這樣確實會比較辛苦。

維：是比較辛苦沒錯，但我選擇了靈魂將會經歷困難的這條路。

朵：所以你在所有的人世都會遺忘得較少。

維：是的。我會知道，也會記得一些事，這將有助提醒我是誰，以及我進入人世要做的事。我覺得如果我有這些困難的經歷，這會比不斷轉世，然後忘了來這裡要做的事以及怎麼做，可以完成得更多。所以我帶著部分記憶回來，這些記憶足以刺激和鞭策我，讓我知道我還有很多事要學習，有工作要完成。我一直都很害怕我帶著對事情的遠見來到人世，卻在這裡迷失並忘記要做的事，這就浪費了時間和機會，也許還會傷害到其他人並妨礙他們的道路。我選擇要有較多的啓示，即使整合對我來說常是困難的。我有朋友和我一起轉世，我們約定了要幫助彼此記得。我在路上遇見的這個很棒的人就是這樣的朋友。我們來到人世之前，他和我就都知道彼此的約定。這是業的承諾。我在其他轉世也和其他人有過這樣的約定。我會知道要問問題，而其他人會協助我找到答案。

朵：所以在你的每一次轉世裡都會有你知道的人。

維：是的，會有的。我從來不是獨自一人。我有很多、很多、很多過去認識和有關聯的朋友。我們都知道迷陷在可怕汙泥的危險，所以我們有安全機制。

朵：你說安全機制是指什麼？

維：也許我認為我來到人世就會忘記，因此我有跟我一起轉世的親愛友人，也或者我會在那一世的某個時候遇見某個人。我們已約好要相互提醒我們是誰。我們當然不會每個人都忘了所有的事，所以如果一個人記得一件事，另一個人記得其他的，我們就能互相幫忙。我們甚至有我們所稱的「密碼」，如果某人憶起一個用語或句子，就會啓動另一個人的大量記憶與知識。

朵：所以你們會知道如何辨認彼此？

維：我們彼此都會認出對方。這不是意識層面上的密碼，你可以說是我們預先就設定好的事情。比如，當你說「這個」，那麼在我準備好的時候，我就會接收到一堆資料。而且當我或是你準備好時，我們就會見面。我們會互相「提醒」。這就像是安全防護網，當我們來到可怕的人世，害怕我們會忘記真正的自己的時候會用到的一個安全機制。

朵：所以你在不同的轉世會一直跟這些人在一起。是這樣沒錯吧？

維：沒錯。在結束一世之後，我會花些你們所說的「時間」來休息並思考我所學到的東西。還有我沒有學到的東西。

朵：沒錯，要消化和吸收。

維：這個用詞很好。我花些時間消化吸收，然後我就可以自由做我選擇的事。我有很多的選擇，其中之一是進入另一個轉世。我經常選擇回到人世，有時也會選擇在兩世之間繼續更高階的學習，並和其他人一起工作。有時候，我只是花些時間跟在地球的人工作，我會去探視和啓發他們。我還有我所稱的靈魂伴侶們在人世。我甚至會出現在他們的夢裡。我在他們耳邊輕語，我會影響他們，我也會看顧他們。有時候我會去其他學習的地區，有時候我只是放鬆休息，我也總是會跟我所稱的「長老們」諮詢。

我接著引導維吉妮亞回到現在，將這個存在體留在過去，這樣我才能詢問有關她現在這一世的事。潛意識解釋了那個人格和這世的關聯。

維：維吉妮亞現在就像是生活在那個不毛之地，也就是現在的印度的那位婦人。她現在就像是當時的那個人。這是我想要她了解的一個類比。某種程度上，她現在就和當時那個婦人一樣，而從外地經過她住的地區的那個人，不是來自她的地區，他只是經過並短暫停留。還有其他人以旅人身分經過並帶給她進一步的啓發，他們也教導她往內在去尋找她的自由，以及憶起她是誰。

朵：這是為什麼潛意識選擇讓她今天看到那一世的原因嗎？

維：這是看到那一世的目的。那是個類比。她現在就像那個過著辛苦的勞力生活的婦人，她確實很努力工作，而且她在整合她的知識和日常工作的世界時也遇到困難。尤其是她工作的地方（維吉妮亞是一家大醫院的護士），沒有人知道她的那些神秘主義，這常令她感到沮喪。在夜裡會有人來教她別的事情，他們帶她到別的界域，給她看很多事，這是她這世成長的方式。她同意這樣，同意讓這些事發生。這是為了幫助她憶起生活中除了眼前所見和手邊的工作，還有別的事情。有很多事發生在許多層面，但她在來到這個地球層面之前，她就同意了在這一世要做很多事。有很多業要處理要結束，這是她進入這世之前的協議。她的目標是協助人們憶起他們是誰。她害怕她會忘記自己是誰而無法幫助自己或別人。

維吉妮亞曾在靜坐冥想和夢中瞥見一個她稱為希伯倫（**Heperon**）的存在體。她想知道那個存有是真實的嗎？如果是的話，他是誰？

維：希伯倫是她存在裡非常重要的部分。這個她很親的人在另一個星球和她是同一個靈魂團體，我會說是她的靈魂伴侶，要是沒有這個靈魂伴侶的陪伴，她絕不會要志願來地球。他向她保證這是他們的約定，她來地球，而他會看顧她。他在某個層面會一直與她同在。他是……你們所說的多次元存在體。他可以在很多界域做很多事，同時也看顧著維吉妮亞。他是她生活中很重要的部分。她之所以在地球就是因為知道希伯倫會從……你可以說，從某個崇高的位置看顧她，他可以同時出現在很多時間和地方，他就是你們會稱之的天使。對她來說他就是天使。

朵：所以他在她的生命裡非常重要。

維：他們的連結極為重要。那是她之所以在地球的關鍵。

朵：很好。她還有幾個問題要問。她想知道她和耶穌有任何關聯嗎？

維：她在喀什米爾（Kashmir）的時候遇到一位年輕人，那個人就是耶穌。那時候她是個教士，耶穌和他叔叔約瑟一起旅行並向智者學習。他們確實有見過面，那是非常真實的事件和記憶，而且非常深刻。記憶裡耶穌的平靜，對她這一世在許多方面都很有幫助。只要接觸靈魂記憶裡耶穌所散發的愛與平靜，對她一直是股穩定的力量。知道他就在那裡令她穩定。他堅定如石，他是愛與和平，她內心一直都知道。他們在今天催眠出現的這一世也有關聯。今天看到的這一世是她的下一個轉世。

朵：今天看到的這世是在喀什米爾那一世之後？

維：在那一世之後。那個人——這很棘手，因為這個說法通常不被接受——但那個教導她的人曾跟耶穌生活過很長一段時間。

朵：我之前想那不是耶穌，因為他比較老。

維：他是耶穌的同伴。他帶著耶穌的知識，因此耶穌觸動過她生命兩次。

我接著詢問維吉妮亞的身體問題，然後結束這次的催眠。這些身體問題是因她持續在醫院的負面氛圍下工作所導致。她認為她是在幫助人，但那個環境的能量令她身心俱疲。是她離開醫院工作的時候了。她還是可以幫助人，透過照顧臨終者的工作，但她必須離開醫院。

1 編注：若干歷史學家相信，耶穌在東方國家，包括印度、尼泊爾和西藏，度過了他12歲到30歲那段行蹤成謎的歲月。

第十六章　尋找智者

這個催眠是二〇〇二年十月我在佛羅里達州克里爾沃特市的博覽會演說期間進行的另一場。這次的催眠內容也跟智者有關，但是是不同型態的智者。

當個案南西走下雲端，她發現自己赤腳站在尖銳的碎石子上。這讓她感到不舒服。當她看到自己是站在懸崖邊時，她更擔心了。她看見自己是個年輕男子，有著棕色短髮，穿著質料粗糙的厚背心和褲子。「我離懸崖很近，我感覺我想往後退離懸崖。有人叫我不能向後轉。有人在我背後。我想逃跑。」她嘆口氣說：「我想離開，他們為什麼要這麼做？」答案出乎意料，「他們想嚇我。」

我問她想不想轉身看看後面是誰。「不只一個人。我感覺如果我更靠近懸崖邊，我就會滑落下去。他們要我站在那裡是要給我個教訓，但我不知道是什麼教訓。他們是一群矮小的人，髮色很淺。幾乎是白色。我比他們高很多，至少高一呎或更多。我的膚色跟他們不同。我比較深，他們很淺。他們跟我不一樣，我不屬於他們那群。我不是他們的一分子。我感覺是在旅途中經過他們的村子。他們怕我。我不知道我在哪裡，然後我發現了這個地方。起初我以為他們是小孩子。他們沒有任何武器，但不知怎地，他們把我逼到這裡來。」

朵：他們的村子是什麼樣子？

南：嗯……我看到他們能躲起來。我不知道要怎麼說……他們能消失不見。他們能夠把房子和建物藏在環境裡，在大自然裡隱藏起來。我最初看到的時候，那看起來就像是小孩子的村落。屋頂是用草蓋的，像茅屋，但那不是真的。那只是他們使用的偽裝。他們的房子不是真的長那個樣子；好像是為了捉弄我……這很讓我困惑。

朵：那就是你進到村子時所看到的？

南：對。我看到用草覆蓋著屋頂的小屋，看起來像是小孩子玩遊戲。事實上他們的房子是隱藏起來的。我知道他們把房子偽裝了。他們把房子藏在山坡。很好笑，我不知道房子真正的樣子，可是我知道它們被藏起來了。

朵：你是從很遠的地方到那裡的嗎？

南：從高山那邊。

朵：你家在那邊？

南：不是，我是越過那邊過來的。非常非常高的地方。我在旅行。（大嘆一口氣）我想去東方，那是我要去的地方。我聽到一個很神奇的人的故事，我想去看看。他在那很遠很高的山上，非常高。他有魔法。那個聖人。有故事在說這個人。我想去找他。

朵：聽起來路途會很遙遠。

南：非常遙遠。我想這趟旅程可能要花上一年或更久的時間。我準備了補給品，但這些人拿走了。

朵：你離開的地方有家人嗎？

南：我感覺我是自己一個人。

朵：所以如果你想的話，你可以自由旅行？（對。）當你到這個村落時，你還有很長一段路要走嗎？

南：哦，是的，還有很遠的路。我踏上旅程已經好長一段時間了。我來到一處彎路，但我沒注意到。風景好美。然後我就看到這些小屋，我聽到有人在裡面。我以為是小孩子在玩。但我嚇到他們了，我低頭往下看，嚇到他們了。這裡感覺像是沒有人會來的地方。這是個隱密的地方。他們的秘密地。

朵：你嚇到他們了，因為你不該出現在那裡。

南：對，而且我們語言不通，他們聽不懂我說的話，我試著要告訴他們我不會傷害他們，但他們聽不懂。

朵：你說他們拿走了你的東西？

南：對。我身上背著小袋子(用手勢表示有東西在他肩膀上)。還有水。還有一袋——我不知道該怎麼說——一些吃的……乾的東西在另一個袋子。我也時不時會在旅途中取得食物。如果有人願意分食物給我，我會在那裡停留，可是這是個不同的地方。這些人看起來不一樣。他們非常非常蒼白和矮小。膚色非常淡。毛髮幾乎是白色的。

朵：他們長得不一樣嗎？

南：對，跟我不一樣。但他們都長得一樣。他們眼睛的顏色不同。不是藍，也不是綠，而是既藍又綠。幾乎是藍綠色，帶藍的綠色。他們的五官很小。非常小的鼻子，很小。非常小的下巴。五官很精緻。輪廓很明顯。

朵：他們看起來有男性和女性嗎？

南：我看到他們身邊有跟著年紀比較小的，那是他們的小孩。還有成年的伴侶。家庭！他們是一家人。可是父母看起來長得很像。

朵：所以很難分辨性別？（是的。）你有試著不讓他們拿走你的東西嗎？

南：沒有。我就只是站在那兒，動也不動的站著。我感覺很平靜。非常平靜。然後他們就走上前把東西拿走了。他們為什麼拿走我的鞋？（她對自己的反應感到疑惑）我就這樣讓他們拿走。我只是站在那裡。真是奇怪。我動都不動的站在那裡。然後他們帶我到這條石子路。我的腳好痛。（腳縮了一下）石頭讓我的腳好痛。（突然頓悟）喔！他們的地方是秘密。不能讓人發現他們在這裡。但我卻發現他們。他們沒有要傷害我，但他們不能讓我走。他們怕我會帶別人過來，或是和別人談到他們。我不會說出去的。我試著告訴他們我什麼都不會說。（大嘆口氣）我想離開那個懸崖。他們就站在我後面，但有段距離。他們沒有碰我，也沒有用武器，可是他們用意念把我逼往懸崖邊。（語氣堅決）我在抗拒他們。我不要走過去。我不要讓他們得逞（堅定的語氣），我要轉身，我知道我可以。我要努力轉身。

然後我要告訴他們停止這麼做。停止！(她深吸口氣，然後舉起手，掌心向外，做出制止的動作。)我告訴他們停止這麼做。(鬆了口氣)他們停止了！我對他們的態度很堅決。我不會讓他們這麼做！先前我以為如果我配合他們，他們就會明白我不會傷害他們。但現在我知道我必須告訴他們**停止**。他們不能要我走到懸崖邊。現在他們其中一個人把我的補給用品和鞋子拿來了。他們把東西交給我，這樣我才能離開，繼續上路。他們很抱歉，他們向我道歉，他們沒有對我說話，但我能感覺到他們的感受。我感覺他們很抱歉。

朵：你有跟他們溝通你不會洩露他們的行蹤嗎？

南：有。當我轉身要他們停止時，我很生氣。我感受到自己的力量。我告訴他們我不會傷害他們，我也不會告訴任何人，但他們沒有要讓我離開懸崖邊的意思。這是不對的。他們對此感到抱歉。

朵：也許這是他們唯一想到能保護自己的方式。

南：他們受到很大的驚嚇。我現在要離開了，我往山丘上走。(大嘆口氣)他們在看著我。他們開始離開了。我在山丘頂停了下來，他們往回走了。呼！我沒事了，我安全了。我繼續我的旅程。可是，這真的很怪，因為我知道他們不屬於這裡。

他們很不一樣。我感覺他們並不屬於現在這個時間。

朵：這個時間？

南：對。他們不屬於現在這個時間。（在努力想該如何解釋）我覺得他們是來自別的時間。來自未來！很遙遠的未來。他們只是出現在那裡，但我覺得他們在那裡已經有好長一段時間了。他們以為他們在這個地方是安全的。沒有人會發現他們在那裡。

朵：為什麼你會覺得他們是來自未來？

南：我不知道。我就是知道他們是來自遙遠的未來。他們不是來自我這個地方和時間的人。他們以為找到了一個安全的藏身之處。

朵：我好奇他們是在躲什麼？

南：我不知道。

朵：無論如何，你都勇敢面對了他們。

南：是的，我沒事了。（鬆了口氣的嘆息聲）我很高興能繼續我的旅程。我期待跟那個特別的人見面。我知道我會見到他。

接著，我引導南西前往重要的一天。

南：(微笑)我在這裡了。我很興奮。我在旅程中遇到很多人，我一直聽到有關這個人的故事。我感覺我更老了。

朵：你沒有再遇到像那些小人一樣奇怪的人了。

南：沒有了。(笑)只有那一次。

朵：這個人住在城市嗎？

南：他住在山頂，但這個城市的每個人都知道他。他是個聖人。我現在是在一個像市集的地方。

朵：你知道這個城市的名字嗎？你聽到任何人說到嗎？

南：感覺像是在喜馬拉雅山脈。他們提到一個名字，但這個城市是在海拔較低的地方。(我看得出她努力想找出名字)我不認為這是這個城市的名字，我想說的是加德滿都，但這應該是現代的名稱。我不認為在我現在的時間他們是這麼叫這個城市。這裡群山環繞，這個城市在高海拔，不過那個人住的地方更高。

當她提到喜馬拉雅山脈，我立刻想到西藏。我後來查閱百科全書，發現加德滿都是尼泊爾的城市時，我很訝異。加德滿都座落在海拔四千英尺的高原，被許多高山環繞。喜馬拉雅山脈有世界最高的山峰，而且位於尼泊爾北邊和中國的交界。我並不曉得喜馬拉雅山綿延得那麼遠。我也不認為南西知道這些資料。說是西藏會比她認為是喜馬拉雅山自然得多。這個記憶顯然是真實的，因為它並不是跟我們意識心會幻想的一樣。那些奇怪的小人似乎不像是會出現在那裡的人，但這些疑問在催眠結束前都得到了解釋。

朵：那個人在更高的地方，而且每個人都知道他？

南：對。我覺得我可以向這個很特別的人學習。（沈默很久）我必須在這裡休息並打理自己。我必須洗澡。我已經走了好長一段時間了。我需要休息一會兒，並且適應這裡的高度。我也需要換衣服，我現在覺得不夠暖。我需要多穿些衣服，因為這裡很高而且很冷。

我決定移動她前往她到達山頂看到那個人的時候。

朵：他們有告訴你他在哪裡嗎？

南：我知道他在哪裡。我可以感覺他在牽引我……召喚我。他知道我要來，他在指引我。我能夠感覺他要我往更高處走。這裡很陡峭。非常冷。我好冷。

她在發抖，聲音也在顫抖。我下指令，讓她不要有身體上的任何不適。

朵：那裡有下雪嗎？

南：沒有，只是很陡峭。現在不是冬天，但是風很大。我來到一處平地。有個洞穴，他就在裡面。裡面很暗、很安靜。有火燭。我停了下來，我的眼睛在適應這裡的光線。他在這裡面。

朵：你看得見他嗎？(她點頭)他長什麼樣子？

南：(深呼吸)他有人類的外形，但他是能量。他不是真的實體。(突然笑了起來)他告訴我他是很多聖者的化身。他首先向我示現的是只穿著破爛衣服，像是件長袍，有一頭纏結的棕色長髮，還留著髒髒的深色長鬍鬚的聖者。接著他突然變得乾淨又聖潔。他是很多人。他不只是一個人。他是很多靈魂，他是個結合的……

（她找不到適當的字）

朵：複合體？

南：對！是他們全部的複合體。他非常亮。他看起來是明亮的光，但也有人類的外形。他兩者皆是。他可以從一個男子轉變成模糊的人形，然後突然就是這個明亮的光。幾乎讓人張不開眼睛的明亮。

朵：因為他不是實體，這是為什麼他可以生活在這樣一個奇怪地方的原因嗎？

南：是的。他可以隨他所處的環境調整。外在環境影響不了他。

朵：如果別的人來到這裡，看到的他也是這個樣子嗎？

南：只有很少人來找他。人們知道他在那裡，但只有很少人會長途跋涉來找他。（停頓）這是召喚。他召喚你來。

朵：我好奇如果村落的人來這裡找他，他們看見的他就是個人類，還是像你看到的他？

南：他們知道他們不能去。你必須被召喚才可以。他們知道他在那裡，但是他只召喚少數人。他可以同時存在於別的地方。

朵：但你卻必須長途跋涉到那裡。（對。）你不能在別的地方找到他嗎？

南：不能。我必須去那裡。他想要我去那裡。這趟旅程非常重要。他要知道我相信。他要知道我值得……他要知道我內心感受到的召喚足夠強大。

朵：要不然，他大可以在任何地方向你顯現。（喔，沒錯。）但他必須知道你有長途跋涉去找他的決心。（是的。）為什麼你會感受到這個決心？

南：我就是感覺一定要去那裡。有股引力將我拉往他那裡。我感覺我必須向他學習某些事。我就是不能不去。我必須去，於是我就去了。不管路途有多遙遠，我就是要去找他。

朵：在你啓程去找他的時候，你是有虔誠信仰過著宗教生活的人，還是個普通人？

南：那是很久以前了。我是某種學徒，但我不喜歡。我當學徒是因為……嗯，人就是要做事。我用雙手工作。我想，我是個石匠。我會建造東西，不過我才剛開始學習如何做各種不同的東西，我那時很年輕。

朵：然後你有強烈的渴望去找這個人，即使沒什麼道理？

南：沒錯，我就是知道我必須去找他。我跟其他人不一樣。我總覺得格格不入，我就是覺得和別人不同。這裡的人很窮，而且很髒。他們就是一直工作。他們對我很友善，但我也不覺得我屬於那裡。我想我只是在那裡短暫停留，因為我不知道要去哪裡。我知道我必須找到這個人。我知道往哪個方向，我也知道如果我就是要去找他，他會提供所有我需要的東西，他會讓我有食物和水，但我必須持續這條去找他的路。如果我想的話，我隨時可以停止，但我並不想停止。

朵：你現在已經找到他了，接下來你要做什麼？

南：他有東西要教我。

朵：你要留在他身邊嗎？

南：是的。一小段時間。直到時機到了。我是唯一在那裡的人。只有我們兩個。沒有別人了。

朵：沒有其他學生？

南：沒有。只有我。他召喚我。從很遠很遠的地方召喚我。

朵：他到底要教你什麼？

南：(沈默了很久)我將成為他的弟子之一，這樣我就能跟別人分享他的教誨。許多的教誨都來自一(the One)。我漸漸懂了，但要理解的還有很多。我要花點時間跟他在一起才能完全明白。他有很多事要教我。

我覺得這部分可能要花點時間，於是我再度引導她前進。「你在那裡待多久了？」

南：(大嘆口氣)冬天過了，現在是春天。我在那裡已經有一陣子了。(笑)我的臉上都長毛了(我也笑了)。我的頭髮更長了，我感覺更老了。雖然我仍然年輕，但我覺得老了。我離開的時間快到了。

朵：他教了你什麼？

南：(低聲地說)教了好多。他說，當我需要資訊時，資訊就會出現。他教我認識單純、認識真理，認識基督的教導和許多的教誨，包括佛陀，這些人的教導都是一樣的，他們教的真理都是一樣的。

朵：所有的智者？

南：是的，基督不是唯一的，耶穌不是唯一的智者，有很多位智者。也有帶著基督能量的女性。

朵：具有基督的能力和知識。

南：是的。我要離開並分享這些真理的時候差不多到了。

朵：你有問過他從哪裡來，他是誰嗎？你說過他不是人類。他不是實體的。

南：喔，我知道。不用問就知道。他是基督能量，他是在這個星球各地所顯現的上帝能量。

朵：他怎麼教導你？

南：我睡了很久。是在我睡覺時發生的。是這樣沒錯。

朵：你吸收了這些知識。這麼說對嗎？

南：對，是這樣的。吸收。我現在必須離開了。我很喜悅。我很開心。

朵：你不在意離開他嗎？

南：因為我知道他一直都會跟我在一起。

朵：你永遠不會失去他。

南：（很帶感情的回應）不會！他是我的一部分。

朵：因為他已經把知識和資料放在你的心裡。

南：對。這是很大的喜悅。（她很激動，幾乎快哭了）我正小心翼翼地下山，專注在我的腳步，因為有很多石頭，而且很陡。當我來到村落，每個人都在歡迎我。有好多花、音樂和舞蹈，大家在慶祝。

朵：慶祝你回來？

南：是的，（微笑）非常歡樂。五顏六色，有音樂和盛宴。我停留了一會兒。他們給了我衣服和裝備用品，我覺得很榮幸。我現在必須離開了。我不知道該去哪裡。（咯咯地笑）我應該要流浪並且接觸人群，我覺得我好像是在往南走。

朵：離開這個山區嗎？

南：是的，更往南。我不知道我究竟要做什麼，但我知道我必須遵循他的教導。並且跟群眾說話。

朵：去分享他所教你的東西嗎？（是的。）你覺得你會平安順利嗎？

南：是的，我知道我會的。我並不害怕。我會被看顧得很好。我沒有恐懼。

我再度帶引她到另一個重要的一天，因為這個旅程可能會花很多時間。

南：這天是我臨終的日子。我已經很老了。我參加了很多婚禮。生命中有許多美好的事。有很多我愛的人和被我感動的人。我對自己的生命感到滿意。我有好多好多的孩子和孫子。許多我愛的人在我身邊，我準備好要走了。

朵：你有機會教導那些知識嗎？

南：有。一切都很自然發生。在我說話、談論和分享故事的時候。

朵：你從來沒有懷疑過，因為你知道知識就在那裡。（沒錯。）在你臨終這天，是什麼讓你的身體停止運作？

南：就是時間。我老了，而且累了。他在呼喚我。他又再召喚我了。我休息的時候到了。他說我做得很好，現在是接受獎賞的時候。我很開心，（滿足的歎息）而且平靜。我知道我很快要離世了。

朵：我們現在來到你要離世的時候。發生了什麼事？

南：（大嘆）我就只是……我就離開了。（咯咯笑）我走了。我感覺我在移動，看到光。然後我就在那裡了，我死了。（笑）非常容易。

朵：有任何人跟你在一起嗎？

南：我感覺有好幾個人來。但我真的不需要他們的幫忙，因為我之前有被告知該怎麼做。他們在那裡是以防我需要他們，但我就只是像滑了出去。

朵：你說他在召喚你去取獎賞。你的獎賞是什麼？

南：我擺脫了那副老舊的身體，它疲憊了。我也很老了。我覺得我仍然是同一個人，但我現在沒有那個疲憊又沉重的身體了。

朵：你從現在所在的地方，可以回顧整個人生。聽起來那是很有收穫的一世。

南：是的，非常有收穫。

朵：你做了很多好事。當你回顧時，你在那一世要學的課題是什麼？

南：我在那一世有很多課題。我要學習信任、學習相信自己。還有對靈魂次元的信心。我必須知道我不是一直都能被他人輕易接受，而我必須學習溫和的使用我的力量。不是非此即彼，而是結合毅力、力量、溫和與愛。

朵：這些都是很重要的事，不是嗎？

南：是的。我那一世感動了很多靈魂。

我接著請這個存在體停留在他原來的地方，並把南西的人格帶回到這個身體。然後我請求與潛意識說話，以便找出更多有關這次奇特催眠的資訊。

朵：你為什麼會挑選那一世給南西看？

南：(大嘆口氣)她需要憶起她和基督能量有很強的連結，她也需要帶回她擁有的力量，那個讓事情發生的毅力。但也去感受愛與真理。那是要提醒她，她在現在這世仍然要運用這些特質。她有時有這方面的問題。她在這世有很多挑戰。雖然處境不同、時間不同，但她現在仍然面對類似的挑戰。她要接觸人們並分享真理。她要結合那個毅力和智慧。

朵：那個在洞穴裡顯化為人，也就是她所說的基督能量的存在體是什麼？那不像是人類。

南：那是宇宙智慧。宇宙的力量。那是宇宙知識。那是啓動我們每個人那部分的元素，提醒我們……（輕柔地，低語：）不對。

朵：用字不對嗎？

南：是的。應該說是催化劑，是提醒她需要做什麼的催化劑。

朵：所以它像是所有知識的化身？（是的。）傳授到她在那世身為的那個人身上。（是的。）在一開始，她進到那個村落遇見的那些矮小奇怪的生物是什麼？

南：（大笑）那是在我的道路上放置的一個測驗，要看我如何處理許多事，如何跟和我不一樣的人相處。如何使用我的優點。那是考驗我的力量和信念的測試。測試我有多少愛的能量。我會如何使用我的力量。我是會傷害他們，還是和平處理？有很多測試。

朵：所以你會遇見許多和你不一樣的人。（是的。）他們是真的有肉體的存在體嗎？

南：對，但他們不是那個地方的存在體。他們來自別的地方。他們志願來這裡上演這一幕，但他們不是那個時間的人。

朵：他說那些小屋看起來像是幻相。

南：沒錯。他們不是那個時間的人。他們是來自其他次元。他們是志願的，因為他們知道我在這一路上需要幫助。沒錯，他們出現在那裡是來幫我的。

朵：南西要如何汲取這個知識並使用在她現在這一世？

南：她很害怕因為跟別人不一樣而被排拒或被嘲笑。

朵：這些是一般人類都會有的恐懼，不是嗎？

南：是的。在那一世，這些事並未發生在他身上。他是被接受的。這是為什麼讓她看那一世。這樣她就知道使用這些知識而不被拒絕或嘲笑是可能的。她將能使用這些被遺忘的能力。總是會有人無法理解，但也許她不必要跟那些人合作，她也不必跟他們分享那麼多她知道的知識。

這是另一個在前世累積了很多寶貴知識的個案案例。知識據說會隨死去的人格而失落，但我從經驗中知道，那不是事實。在前世學到的任何東西，任何才華等等，永遠不會失去。這些都儲存在潛意識心智，**如果適當的話**，這些能力會在現在這世憶起並使用。我在最近幾年發現了許多傑出的心靈能力和療癒知識被允許浮現到意識層面的案例；因為在我們將要前往的時代，我們需要這些知識。

★　★　★

我想這裡很適合提到另一個奇特的案例，這個案例也跟時間位移（**time shift**）有關。個案來到一個很大的現代城市，但所見之處毫無人跡，也沒有任何生命跡象。一切都是靜止的，而且很安靜，只有建築物和城市環境。我帶引他到城市裡的許多地方，但都空蕩蕩的。他說這裡不像他熟識的地方。他就像個困惑的觀察者。他似乎脫離了我們所知的時空，掉到一個不屬於他的陌生環境。他很困惑，我也是，因為不確定要如何進行。最後，我請他到一個他覺得自在的地方，於是他發現自己在一片林中，在一個洞穴裡過著非常原始和寂寞的生活。他感覺這裡是家，只有一隻狗陪伴。接下來的催眠內容是簡單的平凡生活，他的生活裡從沒有遇見別人，但他很滿足。

在他死後，我跟他的潛意識說話。我想知道在催眠一開始的不尋常情況。為什麼有這麼奇怪的對比？潛意識說他進入的地點是正確的，但時間不對。他所生活的那個時間的森林，並沒有城市，但在未來的時間將有一座大城市建在同樣地點。由於在他的時間這座城市並不存在，因此他看到的是座空城。難怪他會感到困惑，而且沒看到任何熟悉的事物。當我們找到了在城市出現前他所生活的森林，他感到很滿足。這兩個案例顯示，在同一個地點，過去和未來同時重疊，而次元間也只隱約相隔。

★ ★ ★

我原以為這本書已經完成，因此在做最後整理並準備交付印刷，然而資料持續透過催眠療程傳遞過來。家人一直告訴我把那些資料放到這個系列的第三冊。由於資料不斷地來，我想勢必會有第三冊。然而，這些持續傳來的資料似乎是想被放進這本書裡，我想這個情形將會持續到本書終於付印為止。

二〇〇四年十一月，我在阿肯色州的辦公室進行了一場催眠，內容跟尋找智者有關。這次的催眠跟著名的「李伯大夢」（**Rip Van Winkle**）有異曲同工之妙。

蓋兒進入了跟一群半原始人生活在高山地區的前世，她那時是個年輕男子。他們住在用樹枝和獸皮搭建的住處，或是洞穴裡。他和一位年長的女性親戚住在其中一個小屋。他的工作是去林子裡和山丘採集漿果與堅果，分享給大家。有一次，他和族人在環繞著聚落的高山尋找漿果，他在一個突出的岩壁上發現一些奇怪的小石頭。這些石頭上面刻有動物和人的圖案。他不知道這些石頭從哪裡來的。這樣的東西對他的文化來說很陌生。他認為這些石頭很漂亮，或許也代表幸運，因此把它們放進一個小袋子並隨身攜帶。當他把石頭拿給別人看時，他們卻感到害怕和疑心，因為從沒見過這樣的東西。他的族人只會用木頭刻製器皿，從沒有雕刻在石頭上。

他想回到原先發現的地方，看是否能找到更多石頭。由於是在最高的山上發現，他也想爬到那座山的山頂。這個村落從未有人到過山頂。我濃縮了時間，直接引導他去看爬山的經過。他在路上發現了更多石頭，但跟上面有雕刻的石頭不同。這些石頭是藍色和白色，而且會發亮（很可能是某種水晶）。我再次濃縮時間，看他是否到達了山頂。他說：「我快要到山頂了。爬得很辛苦。呼吸很困難。很辛苦。我看到一旁有個山洞。我好累……我的身體好累。太陽高掛，好熱。這個洞穴看起來是個休息的好地方，而且很涼快。」

當他進入山洞，他很吃驚有個人在裡面。這個人用石頭在另一個更大的石頭上雕刻，雕刻時石頭還會冒出火花。我問他這個人的長相，他說：「跟我不一樣。他的皮膚像在發光。他的眼睛很大，頭有點尖。」那個人太亮了，他很難看得清楚長相。「他在發光，可能是他的衣服在發亮。可是他的衣服和身體好像不是分開的，所以我也不知道。」他不怕這個人，於是決定留下來觀察，先不繼續往上爬。他們之間有某種心靈溝通在進行。「他在搖頭，好像我應該要瞭解才對。我不認為他住在那兒，他是在那裡停留。我相信他雕刻時產生的火花可以讓他保暖，因為現在這裡很溫暖。」

他覺得自己一定是睡著了，因為當他張開眼睛的時候，那個人已經不在了，而且洞穴是冷的。「我一定在這裡待了很久，因為我看到更多的圖畫和雕刻的東西。看起來比較像是圖案。」不是人和動物的雕刻，而是圖案和符號。「那些圖形有三個面，每面之間的角度都不同。有一些圖案是套在其他圖案上面，所以有更多面。這一定有某種訊息。」這些圖案是刻在洞穴裡的石頭上，而石頭是洞穴的一部分，因此無法搬動。「他不在了。這裡好冷，我想走到外面繼續往山頂上爬。」

當他走出洞穴，他發現所有的東西都變了。山上現在結冰又下雪，他無法繼續再往上爬了。他試著找下山的路，卻看見令他驚訝萬分的事。他看見某個紅色東西從山邊冒出來，「紅色的，而且在動，裡面還冒出藍色煙霧。山邊跑出很多石頭和別的東西。」他從沒看過這個情景。他沒有顧慮自己的安全，他想靠近一點去看。「沒關係，我想去看看。我現在正爬過冰雪和石頭，到了一個我往下就能看到另一側山的地方。聲音好大……在搖動……黑色和紅色的……好熱。冰雪都被融化了，還冒出煙霧。很漂亮。地在搖晃。也許那個人就是從那裡來的。也許他住在山的另一側。」對我來說，聽起來像是他近距離目睹了小型的火山爆發，但他從未見過這樣的景象，所以只能用受限的字彙和體驗來描述。

他後來不知道該怎麼才能下山。「也許我爬太高了。我不知道要怎麼下去。我找不到上山的那條路。山路很陡很滑。那條路不見了。在山側這邊沒路了。我必須去走另一條路。」他很艱難地爬下山，途中因腳滑摔了好幾次，頭、背部和腿都受了傷。「我走了好久才看到一條沒有結冰，而且不會搖晃的下山路。我上山的時候並沒有冰啊。我終於回到有樹的地方了。」

他找到一條溪流並喝了一點溪水，接著尋找四處是否有熟悉的景物，好找到回家的路，但一切看起來都很陌生。走了很久後，他看到了洞穴和一些人。「他們看起來不一樣。都不是我認識的人。我們以前住的小屋在那裡，但看起來老舊很多，像是需要整修似的。這些人不認得我，我現在努力在找那位跟我同住的老婦人。我問了人，他說她已經過世很久了。他們認不出我。我看起來不一樣了，我……老了。頭髮灰白了，而且很長。他們不記得我。我不知道發生了什麼事，我一定離開這裡很長一段時間了。我不覺得離開了很久，可是一切都不一樣了。但這明明是同一個地方啊。」雖然看到這個蓬頭垢面的陌生人來到村落令他們很驚訝，但他們還是讓他留下來。

當我帶引他前往重要的一天，他發現自己坐在一個洞穴裡，人們圍繞著他。他從他的小袋子裡拿出石頭給他們看，並告訴他們洞穴裡那個人的故事和洞穴裡的符號。「有些人很生氣，他們認為那是假的。他們不知道這些東西有什麼意義。他們覺得我是個瘋老頭；在山上太久，又撞到頭。他們認為我在嚇小孩子。……我開始瞭解是怎麼回事了。那就像魔法，但他們覺得是可怕的東西。有些人還是想聽我說。」

有個年輕女子聽了他說的，相信他的話。她不斷地問，而且想去山上，但她太害怕了。她待在他身邊直到他過世。他死在洞穴裡，他的石頭在他身旁。

在他死後，我請他從靈界說說他學到的功課。「我必須發現山的另一邊是怎麼回事。我在那裡遇到一個有知識的人，我看重知識勝於一切。」即使沒人相信他，他還是願意走進未知去探究。當我召喚潛意識回答問題時，它做了詳細的說明。「求知很重要，蓋兒追尋的並不是答案，而是這趟旅程。是體驗。她現在必須使用這些知識。知識不在別處。她已經擁有這些知識了。」

我想知道她要使用哪類知識，因為她的問題之一是她的人生目的。「我們看到這個人使用不同顏色的光、頻率和振動來療癒身體。光會從石頭到她身上。藍色的石頭。她會用藍色的石頭說真話，然後許多光會進來。她將會知道她的道路，會有指引。**光**將帶來資訊。我們看到這些資訊是來自另一個實相。她必須要走進內心，然後她會得到如何使用光和顏色的資訊。她會由另一個實相的人得到資料。」

當然了，我很想知道有關她在山頂的洞穴裡看到的那個人是怎麼回事。「他來自另一個──她會這麼說──太陽系（有困難說出這個字）。但他們是用意識溝通，不是聲音。新的訊息也會以同樣的方式進來。」

我問：「如果他是來自別的地方，他在我們世界的洞穴裡做什麼呢？」

「這很難形容。有一層很薄的……像一面牆或是面紗，分隔著這兩個人，雖然他們距離遙遠。那個人在那裡傳遞符號。時間是相同的，卻也是不同的。這個載具在進入洞穴的當時，他的意識並無法瞭解。但知識已被傳遞，而她仍然保有這些知識。這麼說吧，這個人（指個案）必須去探究和汲取這些知識。這個人需要變得有紀律。」

我問：「他說他覺得自己待在洞穴裡有很長的一段時間。這是正確的嗎？」

「以他的時間計算方式來說，那是很長的一段時間，沒有錯。另一個存在體已回到屬於他的適當時空了。」

「如果他沒有吃任何東西，他是怎麼還活著呢？」

「不需要進食。他的身體被能量照顧著。」

「他覺得當他回到山下時，他已經老了。」

「以他記錄時間的方式，沒錯。」

當時間流逝時，他一直處在一個「生命暫停」的狀態，然而他的身體持續在老化。

我問：「那段時間發生了什麼事？」

「可以這麼說，他的心智打開了，這些符號因此能夠置入。雖然他可能不是用肉眼看見，但知識就這麼被灌注到他的意識裡。他在那一世並不需要這些知識。因為他在心智上缺乏技巧。資訊已經存在許多年，但被這個載具抑制了。現在是讓知識浮現的時候。這是為什麼讓她看到那一世。」

我也想知道當他走出洞穴時看到的事件。「那是來自地球的力量。可以在這一世使用的地球能量。那是火山的力量，但他從未見過這種景象，他當時不懂是怎麼回事。地球是活生生的能量。爆發的就是地球的能量。」

這個案例是從前世記憶喚醒療癒的知識並帶到這一世的另一個例子。在我調查的許多幽浮／外星人案例當中，符號／圖案被放置在大腦的細胞層面。這些資訊將會在未來被啟動的時候使用。這也是麥田圈的用意，為的是釋放符號裡的訊息並植入到每個看到麥田圈符號的心智裡。那是潛意識完全可以理解的語言。

★　★　★

這些在過去世遇見有知識和智慧個體的案例雖然各有不同，但都顯示了接觸這樣的知識是可能的，而且也發生過許多次。在每個案例裡，堅定的信心改變了他們的人生。我們之中有多少人也曾有過這樣的生命經驗，而潛意識裡埋藏著知識和資訊呢？這樣的人一定很多，因為在我們達到完美和終於揚升之前，我們必須活過所有想得到的生活類型，並體驗各類的情況。

第五篇

其他星球

第十七章 其他星球的生命

這是二〇〇三年催眠班上的另一次示範。和上次一樣，我讓學生將他們的名字投入盒子裡，然後我抽出一個作為隔天示範催眠的對象。瑪格麗特被我抽中了。我請她列一張當她進入出神狀態時要我詢問的清單。由於這是課程的最後一天，大多數住在旅館的學生都預備退房，於是我們選在一位會留宿的學生房間裡進行。我們總共十二個人，全擠在小小的旅館房間裡。床邊有張小桌子，我就坐在靠小桌子的角落，空間很小，幾乎無法轉身。所有的學生擠在床旁邊，有的坐在從教室帶來的椅子，有的則坐在地板上。很多人帶本子寫筆記。這個景象讓瑪格麗特在催眠結束後做了有趣的評論。她說她可以聽到每個人都在寫字，她說她從沒聽過這麼多寫字聲，她原本擔心這個雜音會干擾她被催眠，然而令她驚訝的是，她立刻就進入深度的出神狀態，而且沒再聽見任何聲音。當她從催眠中醒來，她什麼都不記得，我們必須告訴她發生了什麼事。這是另一次不尋常的催眠，但不像二〇〇二年艾絲黛拉在班上的那次奇怪。我向來會深入探討這樣的內容，但因為這次催眠的主要目的是技巧示範，我因此試著讓過程簡短些。

這次在催眠一開始，我記得要錄下導引詞，這樣學生們就會知道導引過程是如何進行。瑪格麗特從雲端下到一片非常荒涼的土地。那裡沒有植物，只有沙塵和一些石頭。那是一個很不適合居住的環境。她注意到附近站著幾位身穿米色袍子和涼鞋的高大人士。她看見自己是個男性，穿著一樣的服飾，袍子上繫著一條腰帶。當我問她是否住在附近，她說她沒有看到任何建物，就只是一片荒蕪。接著她很驚訝地看到這些人所站的地面附近有東西。「地上有一個洞，」她說：「通到地下。我們就是從這個洞到下面的。」她朝洞走去，看見洞裡有個梯子，她知道如果她想的話，她可以走到下面。

當她走下梯子，看到地底下有許多人過著很簡單的生活。有個女子在用火煮東西。

瑪：這裡空間很大。這是到各通道的入口。這是人們住的地方。

朵：你們為什麼住在地底下？

瑪：因為上面沒有任何東西。

朵：你們不能在上面蓋房子嗎？

瑪：不需要在上面建造任何東西，因為所有我們需要的東西都在下面了。上面沒有東西。

當我問食物和補給品從哪裡來，他很困惑，無法回答。顯然他不曾對此感到疑惑。他們一直都有補給品供他們生活。所有的人一起住在地底下，但是都有個別的空間。他和他太太共享空間。住的地方很簡單。那裡有很多人，也有小孩。

瑪：這裡有很多灰塵。有隧道。這裡是圓形的。到處都有火。很亮。

朵：火是在地上嗎？

瑪：不是，是在兩邊。在牆壁**裡面**。他們鑿了一個小……我想是裝火的小洞。

朵：你們一直都是住在地底下嗎？(對。)所以不曾有人住在地面上？

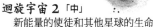

瑪：(堅定的語氣)不，不！我們不住在上面。不住，不住！

顯然他們從未質疑過這個問題。對他們來說，住在地底下是很自然的事。他們擁有在地面下生存的所有必需品。我問他的職業。問他在這個社群裡做什麼事？

瑪：我監看！我要到上面去監看。我保護和監看，我是個守衛。

朵：你要站在上面守衛嗎？（強調的口吻：是的！）你在監看什麼？

瑪：機器。

朵：（這是個不尋常的答案）那裡有危險嗎？

瑪：現在看起來沒有危險。監看比較是在預防。

朵：是什麼樣的機器？（她不確定）它們看起來像什麼？

瑪：要看情況。有不同種。有些很小，而且飛在地表上。它們移動得很快。它們很小，是圓的。

這聽起來不像是地球的環境，除非瑪格麗特已經到了未來的世界。

朵：假如你們看到那些機器，你們會怎麼做？

瑪：我們會到地面下。遇到這種情況我們總是到地底下。

朵：可是它們不大啊。你說它們只是在地表上飛。

瑪：那些小機器飛得很近地面。

朵：那其它機器呢？它們看起來是什麼樣子？

瑪：有些很大，而且很……卑劣。我不知道它們為什麼來，不過有時候它們就是會來。

朵：你可以形容它們的樣子嗎？

瑪：可以。有兩條腿，上面的部分可以看見東西。它們會來這裡，而且它們看得到。

朵：它們看起來像你們嗎？像人？

瑪：(強調的語氣)不，不！它的腳是金屬的。它沒有手臂。

朵：它會走嗎？

瑪：會。它很怪異。我們很怕它們。(停頓很久)它們會掃瞄地面找洞。它們來這裡，然後掃視。

朵：如果它們發現了洞會怎樣？

瑪：它們會把人帶走。別的機器不會帶人走。

他的工作是注意這些奇怪的機器，當出現時警告人們。其他人也會輪流監看。他不知道被帶走的人怎麼了，他們就再也沒見到那些人了。我決定移動瑪格麗特前往重要的一天。當進入那天時，她的情緒激動了起來。

瑪：我很害怕。(猶豫)它們……它們發現我們了。它們在帶走……(激動)它們把人帶走。我想保護我的家人。(激動，呼吸越來越快)大家都很驚慌失措。

朵：我以為你們在地底下是安全的。它們可以進到洞裡？

瑪：不，它們沒有進到洞裡，但它們把人帶走。它們不用真的下來，它們把我們吸上去。透過這個洞。(她很沮喪)我們有通道可以讓我們脫離危險。那個通道帶我們到更深的地方。我們帶著家人往下走，深入到……星球裡。深入土壤。我們有通往地底更深的通道。

朵：你們有沒有什麼武器可以使用？

瑪：沒有。我們無法抵抗它們。

朵：所以你們只能逃。這是你們唯一可以脫離危險的方法嗎？(是的。)你剛才說像是被吸走。你有看到嗎？(再次激動地說：有。)這是它們第一次這樣嗎？(對。)

我努力在想要問什麼問題，因為瑪格麗特並沒有主動提供很多訊息。恐懼的情緒壓過了她和我對話的渴望。就示範而言，這是個奇怪的回溯，學生們動也不動地坐著聆聽每一個字。我已經很習慣這類怪異的催眠，但學生們在練習時從未經驗過這樣的事。這就是這堂課的動機，讓他們知道運用我的技巧有可能得到這種奇怪和不尋常的案例。當他們日後遇到這類情形，就會知道他們能夠控制這個場面，而且個案並沒有危險。潛意識讓瑪格麗特看到這段故事是因為這可以幫助她，我必須要找出這個原因。

大部分的人都成功逃離了這個奇怪的獵物機器。我接著再次引導瑪格麗特前往另一個重要的一天。如果她想用怪異的故事讓我們印象深刻的話，我相信她會繼續這個令人害怕的機器的情節。然而，她並沒有繼續講述這個機器，而是到了一個非常一般的場景。

瑪：我兒子正準備離開。他要……永遠離開這裡了。

朵：我以為你們必須一直在那裡。

瑪：他不要留下來。他要去別的地方服務。他在打包行李。他很自豪。有時候男孩們會去其他地方。他們會被帶到別的地方服務。以不同的方式服務。不是所有人都待在地底下。

朵：你曾經看過那些地方嗎？（沒有。）對於兒子離開你有什麼感覺？

瑪：沒關係。他是個強壯的男孩。體格很結實，而且很高。他很強壯。強壯的人會去別的地方，這不是件難過的事。我很不捨得，但我以他為榮。

我引導他前往另一個重要的一天，這天他因忠誠服務多年而被褒揚。他現在比較老了，不必再工作了。他說是好好回顧和省思的時候了。

現在只剩下一個地方要帶他去，那就是他的死亡。由於這個回溯的奇特性質，我不確定那會是什麼情況。結果，他經歷的死亡很一般，是在地底下他的床上過世的，不是那些奇怪機器所造成的暴力死亡。他說他更老了，心臟有些問題。瑪格麗特出現身體上的感受，因此我下指令移除那些感受。

瑪：我寫了很多書，在角落那裡。我覺得很驕傲。

朵：這些書是關於什麼？

瑪：哲學。靈性。很多人讀我的書。角落那邊有一堆都是我的書。

朵：很好。你喜歡思考。你把這些知識流傳下去了。

接著我引導他進入死後的靈界。他從那裡可以清楚看到完整的一生，而不只是我們剛發現的一小部分。他敍述火葬是他們的習俗。這也是在地底下進行，所以隧道裡面一定有分很多區域。我問他從這奇怪的一世學到了什麼。至少從我的觀點來看是奇怪的。

瑪：服務。以我的工作和我的書來服務。還有內省的重要。

朵：你的意思是思考？

瑪：是的，我做很多思考。

接著我引導個案離開那個場景，把她帶回了現在。我下指令讓瑪格麗特的人格取代這個男性人格，這樣我才能召喚潛意識，知道為什麼讓她看到這奇怪一世的原因。

朵：你為什麼選擇讓瑪格麗特看到這一世？

瑪：謙卑。她那一生從事守衛和服務的工作，但她不是很謙卑。她需要學習謙卑。

朵：她很驕傲？（對。）我們並不知道。你是說她工作很稱職，但她並不謙卑。（沒錯。）那是很奇怪的一世。是發生在地球上嗎？（不是。）你能夠告訴我們那是在哪裡嗎？

瑪：獵户座。

朵：為什麼那裡那麼荒涼？

瑪：那個星球的地表並沒有生命。

朵：所以他們才生活在地底下？（是的。）他們從哪裡獲取食物？

瑪：有人帶給他們，在附近的朋友會定期帶食物給他們。這是為了交換星球上的物質。他們帶食物來，也帶走很多東西。

朵：難怪，她似乎不知道食物是從哪裡來的。

瑪：她不知道。是陸地上來的。大部分人在星球裡面並不工作。有人供應他們食物。

朵：那些住在地底下的人似乎不怎麼世故。他們沒有什麼科技，是嗎？

瑪：沒有。他們是一群開朗、愉悦和友善的人。

朵：那些奇怪的機器是什麼？

瑪：它們來自中央基地。

顯然這些人住的地方是前哨站，他們沒必要也沒有能力到較遠的地方。

朵：她看到的那些小飛行機器是什麼？

瑪：偵察機。它們在到處巡邏。看看能發現什麼。

朵：有金屬腳的機器呢？

瑪：清除器。它們會到處找洞，並取走能從……能量裡找到的東西。

朵：它們找到人的時候會怎麼做？

瑪：使用他們。把他們當燃料。

朵：燃料？什麼意思？

瑪：燒了他們當做中央基地的燃料。

朵：這就是基地的動力來源嗎？

瑪：對。用人。它們在地底下找到的人。因為地表沒有任何東西，它們必須要有東西當燃料。

這個畫面想起來就很可怕。

朵：她說那就像是把他們吸出去。

瑪：沒錯。它們事實上是把他們拉出去，去補充它們的能量。那很像是被吸走的感覺。

朵：它們把他們帶回基地，把他們當做城市動力的燃料？

瑪：那裡並沒有你所想的城市，是很多機器，重要的機器。跟城市不一樣，是機械化的。

朵：那跟瑪格麗特現在這一世有什麼關聯？

瑪：她需要學習謙卑的課題。她的大目標是服務他人。她很迫切地想要幫助別人。有時就像是永遠無法滿足似的。

朵：但這是她這生的目的嗎？這是她想詢問的問題之一。

瑪：是的，確實是。她現在的方向是對的。她有太多的恐懼和擔憂，她沒有把這些恐懼和擔憂放下。

★　★　★

這是我大多數回溯催眠案例的共同點。潛意識常會斥責他們，因為他們來這裡是有任務的，通常是用某種方式助人，但他們卻被日常事務給絆住，使得他們忘了來這裡要做的事。我從不曾遇過潛意識說個案來這裡是要享樂，有個家庭，過著世俗生活。他們總是被告知來這裡是有目的的，而這個目的是要影響其他人的生命並改變世界。令人訝異的是意識心卻完全不知道。似乎個案一旦來到這裡，長大成人後，便陷入日常無止盡和無意義的競爭。不實在的人生成了他們的實相，而且不論他們可能有多高尚，他們已經忘記投生於此的真正目的。希望他們能在人生還來得及之前，發現他們來此的目的並努力執行。如果來不及完成，唯一的解決方法就是再回來地球，重頭來過。

我繼續詢問她的問題清單，大部分是跟她的個人生活有關：她的職業、應該居住的城市、她的感情和其他關心的事。

瑪格麗特清醒後，我再次按下錄音鍵，錄下她對這次催眠的記憶。

瑪：當我們往下面的通道走的時候，我清楚地看到它的內部，它很像地底下的橋樑。很長，而且很多灰塵。它是中空的。我看到一長列人往下走。

她記得的就這麼多，只有一開始的景象。這很典型，也是大多數人記得的部分。學生們告訴她，她在催眠時說的事，特別是來自潛意識的話。因為大多和個人有關，所以我就不寫在書裡。她對那些都沒有記憶。她對催眠時所揭露的自己感到非常訝異。

★　★　★

二〇〇四年底，一位女性個案到了一個住有類人類形體居民的星球，但他們絕不是人類。他們看起來都一樣，因為全穿著緊身外套遮住了全身。唯一沒有被遮住的是他們的臉，但臉部罩著一個透明的面板，這個面板是呼吸裝置。在這個星球，他們不需要吃東西或睡覺。那個生命體搭乘一種小型的單人飛行器，旅行到其他星球和小行星，搜集土壤樣本，並把樣本帶回他的星球進行分析。他們的工作是瞭解所拜訪的星球能否支持生命。之後的程序則由其他人進行。他後來因為呼吸裝置故障而死亡。這一章的案例全都顯示在別的星球有許多生命的形態和情境，可能性就如天上繁星之多。這些故事顯然挑戰了我們的想像力。

第十八章 紫色太陽的星球

二〇〇三年耶誕節後不久，我在阿肯色州亨茨維爾市（Huntsville）有了催眠據點，這場催眠就是工作室成立之初進行的其中一場。工作室運作得非常好，而且能量似乎有助強大的催眠療程發生。每個到那裡的人都像帶了他們獨特的振動。個案說他們在那裡感受到一股非常正面的能量。

催眠時，莫莉可以說變成了另一個人格，而且這個人格非常活潑鮮明。

當莫莉走下雲端，她只看到紫色和綠色。這種情況有時候會發生，通常我會引導個案穿越所看到的顏色，以便走進某個場景。這一次，顏色的發展完全出乎我的預料。她原先只看見一片黑暗，只有顏色是亮的。幾分鐘後，她終於發現她是在一個洞穴裡面，所以一切才看起來那麼暗，除了顏色，她看不到任何東西。

莫：沒錯，我在洞穴裡面。上面有光。我是在底下，洞穴上方有反射。反射的光。這裡沒有火。沒有燈光。只有上方閃耀的光亮。

朵：我很好奇那是什麼東西的反射。

莫：是水晶。紫水晶。很大，像是晶洞。我越往下走，顏色就越深。它們反射在洞穴上方。（她的聲音聽起來很稚氣）我躺著往上看，我沒有在走。我是躺在洞裡的地面往上看。感覺沙沙的，我躺在某個很多沙的地方，往上看著洞頂。嗯……一定是哪裡的光反射到這裡。我喜歡這裡。這裡面的光就像是屬於我的極光。

朵：只有你一個人在那裡嗎？

莫：我想是的。感覺我是獨自一人。

朵：你穿什麼樣的衣服？感覺像什麼？

莫：（她放在胸前的手搓了搓，像是在感覺衣服的質感）毛毛的。（她笑了）毛毛的，對。

（她繼續感覺並微笑）

朵：衣服包住你全身嗎？

莫：看不到。很暗。衣服只蓋到這裡和下面這裡。（她把手放在胸前和大腿地帶）

朵：你的胸部和腰部？

莫：只蓋到身軀。手臂沒有。

朵：你是男性還是女性？

莫：男性。我感覺身體好像很大。（她移動身體，像是對身材感到驕傲。她很高興在這個身體裡。）

朵：你是年輕還是年老？（沒有回答）是怎樣的感覺？

莫：十五個夏天。

朵：喔，所以你還很年輕。

莫：我有家人。我有責任。

她確定變成另一個人格了。她說話的聲音和方式變得很簡單，所以我猜她是某地的原住民或原始人。

朵：如果你是男性，你有鬍鬚嗎？（她摸了她的臉和下巴）你摸到什麼？

莫：毛毛的。這個（指臉上的毛）比這裡（指身上的毛料衣服）粗糙。

朵：你說你有責任。你已經有家庭。（是的。）你有小孩嗎？（有。）有太太？

莫：（她遲疑了，好像不熟悉這個字。）我有一個女人。

朵：你住在那個洞穴裡嗎？

他聽起來確實像是個穴居人，但答案出人意料。

莫：不是。是我發現了這個山洞。我跟著某個動物來到這裡，在這裡看到了這些顏色。我在小時候就知道這個洞了，但我沒有告訴別人。這裡是我的。（得意的笑）

朵：你不要別人發現這裡。

莫：不要。如果一定要的話，我會分享，但我沒必要這麼做。我們有住的地方，我要把這裡據為己有一陣子。這裡很寧靜。我工作做完就可以到這裡休息放鬆。

朵：你做什麼工作？

莫：嗯……（思考中）我種東西。我挖土，然後種東西。我種植，長成後拿去交換其他東西。我們有獵人和種植的人。我是種植的人，因為我不會打獵。

朵：每個人都有他們可以做的事。各有擅長的事。（對。）你們的團體有很多人嗎？（沈默）因為我認為那裡不只是你和你的女人和小孩而已。

莫：有……我正在數。十五個。這樣人數的團體剛好。

朵：是的。你們都是一家人嗎？都有親戚關係？

莫：（思考）不是，我們是一個團體。

朵：你住在這個山洞的附近嗎？

莫：這裡離我住的地方有半天的距離。

朵：如果你離開了那麼久，你的團體不會擔心你嗎？

莫：他們會以為我去出任務，去追蹤搜尋了。

朵：你們的人會去出任務？

莫：有些男的會去。

朵：你出任務時是在找什麼？

莫：龍。我是為團體去找的。進行追蹤的男性是為了……打獵。當我出任務時，我是為團體去發現需要的東西。

這跟我在《殞星傳奇》（*Legend of Starcrash*）提到的其他原始文化很相似，他們依賴直覺去找動物。

朵：你剛剛也提到會跟其他人交易。

莫：主要是為了生存。我跟團體裡的成員交易。我們每年也會去一個集會交換東西。

朵：聽起來你在那裡很快樂，是嗎？(沒有回答)你知道這是什麼意思嗎？(不知道。)意思是你喜歡住在那裡？

莫：是的，我喜歡住在那裡。我們被照顧得很好。(似乎措詞有困難)我們有住的地方。我們有水，有食物。還有我們需要的東西。這樣就叫快樂嗎？

朵：是的，我想是的。你沒有想要改變什麼。如果你沒有想要別的東西的話，那你就是滿足的。你是快樂的。

莫：是的，快樂。我們去團體聚會時會交換東西。我們可以知道別的團體在做什麼。如果我們有喜歡的東西，我們會帶回來。我們交易和取得不同的工具，還有可以讓我們生活得更好的東西。

朵：你們分享知識和資訊，那樣很棒。你們住的地方是冷還是熱？

莫：是溫暖的。天氣很……(有困難找到適當的字)舒服和溫暖。這是什麼？(語氣遲疑)噢，有時候有點涼，我們會需要更多的獸皮或毯子，但不會用上很久。

朵：那麼那裡是適合居住的地方，而且你們有需要的一切東西。

莫：（驚訝）我們有一個紫色的太陽。什麼？（懷疑的語氣）

朵：一個紫色的太陽？

這是出乎意料的轉折。顯示這並非單純的（地球）原始生活的第一個指標。

莫：我們有一個紫色太陽。太陽，在天上的太陽是紫色的。

朵：紫色。我覺得那是很奇怪的顏色。

莫：我不知道，就是紫色的。（我笑了）

朵：嗯，我住的地方的太陽是黃色的，也可以說橘色。

莫：真奇怪。我的是紫色的。

朵：嗯，天空是什麼顏色？

莫：有點……紫。（她像是在仔細研究）（笑）各種深淺的紫。

朵：所以天空也是紫色的？（是的。）不論白天還是晚上，太陽一直都是亮的嗎？

莫：（沈默一會兒）我不知道什麼白天還是晚上。

朵：外面有暗過嗎？

莫：外面沒有。這裡是暗的，但是外面不會。

朵：你知道的，如果暗的話就會看不清楚。（對。）但是你說在外面的時候，太陽一直都是亮著的？

莫：除非我閉上眼睛。但是，沒錯，它不像洞穴裡會變暗。它一直是一樣的。外面一直都混著各種色調的顏色。

朵：喔。因為我住的地方天會變黑，當太陽下山的時候。

莫：外面嗎？你的太陽會不見？

她露出很訝異的神情。

朵：對。（喔！）可是會再出現。

莫：它去哪裡了？

朵：喔，它會消失一段時間去睡覺，之後會再回來。

當明顯是跟某個較原始的人說話，我必須使用我覺得他們會懂的字，不能用太複雜的用語。

朵：所以我們不用擔心它不見了這件事。當它去睡覺的時候，整個世界就會變暗。你們那邊不是這樣嗎？

莫：不是。這裡是淡紫的……我們是混合各種淡紫，各種紫色。有時很亮，有時會暗一點，可是我還是能看得到我的手。看得見路。我不需要有任何人工或其他的光才看得見。

朵：不需要火或任何東西嗎？（不需要。）你知道「火」是什麼嗎？

莫：嗯……因為我不需要，所以我想我不知道那是什麼。

要怎麼向她解釋這麼基本和簡單的東西呢？

朵：你們會煮食物嗎？

莫：煮食物？不，我們用摘的，也用挖的。我們有處理食物的方法。我們有很熱很熱的岩石。我們把食物放在容器裡，然後把容器放在這些岩石旁邊直到食物變熟。

朵：嗯，火是一種非常非常熱，像熱焰一樣的東西，而且是看得見的。所以，你們沒有火。

莫：沒有，我們有熱岩石。我們有熱水，我們有熱蒸汽。

朵：是來自山上嗎？

莫：是在地面。一直都是熱的。

朵：那很棒。

莫：很棒嗎？對，是很棒。

朵：你們會殺東西來吃嗎？

莫：殺東西？像是打牠們的頭或是把牠們放到熱岩石上嗎？

朵：嗯。是動物嗎？

莫：對，因為這個毛皮就是這樣來的。

朵：就是你身上穿的。（對。）所以你們有時候也是會殺動物？（是的。）那你們有吃肉嗎？

莫：有，有。我們用動物身上的所有部分。用完後就沒剩下什麼了。

朵：你們有吃哪種特定的動物嗎？

莫：有。四隻腳的。

朵：你們會用動物來做別的事嗎？

莫：（困惑）沒有。像是……沒有。

朵：噢，有些人會用動物來載東西或拖東西。

莫：沒有。如果我們有重東西要移到別的地方，我們只要看著那個東西，它就會移動了。

朵：（真令人驚訝）喔！聽起來很容易。

莫：是啊。當我說我們把動物放到熱石頭上，我們其實是……（在想怎麼解釋）要牠們走到熱石頭上，牠們就會照做。（大嘆一口氣）

朵：你們所有人都有這種能力嗎？只要看著東西就會讓事情發生？

莫：（困惑）我想是吧。我們都是這麼做的。對，一定是這樣的，因為如果是嬰兒或比較小的孩子想要什麼東西到他們身邊，那個東西就會自己過去。小的東西。

朵：所以說連小嬰兒都有這樣的能力。（是的。）他們有這些能力聽起來很怪，我好奇他是不是看起來跟人類不同。

朵：我很好奇你的身體。你也有……嗯……你不是四隻腳吧，是嗎？

莫：不是，我有兩隻腳。

朵：還有兩隻手臂？

莫：(她把雙手舉起來檢查)兩隻手臂。對，是兩隻手臂。

朵：我想有些字你可能不知道，不過沒有關係。我認為我們還是能溝通。你一隻手有幾根手指頭？

莫：(她舉起她的手檢查)三根。

朵：三根手指。哪幾根？可以給我看嗎？

莫：(她舉起手)這三根，像這樣。

沒有小指。這樣的情形有好幾次是發生在個案回溯到自己是外星人或看到外星人的時候。小指的部位如果不是沒有指頭，就是無用的殘指。

朵：你有我們所說的拇指嗎？

莫：像這個？有。

朵：有功用嗎？

莫：（她笑了。可能對他來說這是個蠢問題）有。

朵：（笑）好吧。你的皮膚是什麼顏色？

莫：黑色。很暗。

朵：你說你有鬍鬚。你的頭髮和鬍子是什麼顏色？

莫：暗色。黑色。跟我皮膚的黑不一樣。

朵：你有眼睛嗎？有鼻子和嘴巴嗎？

莫：（很長的停頓）我看得見！我可以說話！可以吃！

朵：也有鼻子可以聞東西，是嗎？

莫：（肯定的語氣）我聞得到！

朵：所以這些你都可以。（對。）那裡有看起來不一樣或穿著不一樣的人嗎？

莫：我們自己選擇想怎麼穿，但我們的外表看起來都一樣。

我那時沒有多想他的回答，因為這樣的回溯不是那麼容易，而他可能想的是「和什麼不一樣？」因為在他的文化裡，他跟別人沒有什麼不同，我才是那個不一樣的人。

朵：你住在哪裡？

莫：我有一個建物。

當他描述這個「建物」時，更顯得這不是一個原始社會，雖然這個人似乎過著相當簡單的生活。

這個建築是圓頂形狀，在這個大結構裡，每個人都有自己的區域。「圓頂裡面還有很多圓頂。」裡邊有一個較大的中央結構體作為聚會、吃飯和訪視的用途。當我問這些建物是什麼材料，卻只是讓他更困惑。我問是不是用木頭，他聽不懂。我試著向他形容樹，但顯然他們沒有這樣的植物。或者就算有，也不是使用為建築材料。「我們的植物是拿來吃和裝飾。植物為我們和我們的動物提供食物。」他說這個建物是聚合物（**polymer**）。現在輪到我困惑了；這個字對我很陌生。

字典上說：聚合物——任何兩個或更多聚合體的化合物。聚合物是由分子重量不同但同樣重量比的化學元素所組成。聚合作用（**polymerization**）——結合兩個或更多分子而形成一個更複雜分子的過程，組合後的分子重量是原本的好幾倍，其物理性質也不同。

我在查字典之前對這些字沒什麼概念，查完後也沒有比較了解。說它們複雜，還是簡化了的說法。我問他這個建物是不是他們的人蓋的。

「喔，不是。你只要看著圖片，並看著你想要它擺放的地方，這樣就好了。」

真是令人驚訝。他說這些圖片就在他們的圖書館裡。「這棟建物裡有幾個小圖書館，在大集會區有一個主要的大圖書館。我看到了。它們是……投影（不確定用字）。你走進房間，想著你想看見的東西，然後就會出現投影，你挑選你想要的。然後你選擇你想要它在的地方，它就會在那裡了。」

朵：（這是很特別且獨特的概念）所以圖片一直是在牆上。

莫：是在一個……框框裡。它們會……快速變換，或是你想它們變多快就會多快。（笑）（手在比動作）當你看到你想要看的地方，速度就會慢下來。接著你仔細看每一個，直到找到最吸引你的。

朵：然後你就用想的把它創造出來。（是的。）太神奇了。

莫：接著你可以在裡面做任何你想要的安排。

朵：所以你們決定要這個建物是圓頂形狀。（對。）你們甚至也可以創造出建構它的材料。(對。)你們不必靠雙手去建造。

莫：不必。你只要……那樣做就對了。我們這麼做已經很久很久了。

朵：有人示範給你們看要怎麼做嗎？

莫：我不這麼認為。比較像是自己去練習。你從小就做，隨著成長，你開始做不一樣的東西。然後很快你就能自己思考。當你需要一個住所，你可以做一個自己的。有些人會選擇在小團體裡，有些人選擇安置在較大的團體裡，有些人則離群索居。

朵：在你團體裡的每一個人都知道要怎麼做。

莫：對。當我的孩子比較大了，他們也會做同樣的事。

朵：你住的地方附近有任何城市嗎？

莫：我們會去主要的聚集區。那裡大很多，可能有好幾百個人在那裡。

朵：你知道城市是什麼嗎？(沈默了很久，然後說：不知道。)那是有很多建物集中的地方，而且有很多人住在那裡。

莫：那會很不舒服，所以我們住在較小的團體裡，這樣比較舒服，而且也不會帶給我們的土地壓力。

朵：沒錯，很有道理。你們如何旅行到別的地方呢？

莫：當要去聚集地的時候，我們的團體會聚在一起，然後我們想著要去的地方，我們就會到那裡了。

朵：整個團體立刻就都過去了嗎？

莫：我們……所有人同時……對。

朵：我以為你們可能要用走的。

莫：當我去我的洞穴或是去探險時，我是用腳走去，但當我們要去聚集地時，我們是「咻」一下就過去了。(用手勢表示速度)

朵：非常快速。

莫：是啊。但我們錯過很多東西，我們只是「咻」一下就到了。(我笑了)所以當我在家裡，還有想找東西的時候，我會四處走走，看我能看到些什麼。

這場催眠的轉折令我驚訝。乍看像是原始穴居人的簡單生活，結果卻是一個遠為高度發展的社會。我決定引導他前往重要的一天。

朵：你在做什麼？你看到什麼？

莫：有好多噪音。很多雜聲。人們大聲說話，地在搖晃而且發出聲音。地在……喔……。

朵：你是說地在動？

莫：在搖動。人們在尖叫，動物也在尖叫，非常吵。(她在發抖)很混亂，而且要呼吸很困難。

她的身體跡象顯示她已被影響，她開始咳嗽。我下指令讓她平靜。她深呼吸了幾下，那些擾人的身體症狀也停止了。

朵：是什麼引起的？

莫：山爆炸了，就是爆炸了。或許我們沒能安撫神。

朵：你們信神？

莫：我們有很多神。祭師和女祭師告訴我們有很多的神。我們有房子的神、管懷孕的神，負責保護的神，花園的神……我們有很多神。

朵：你說你們要安撫祂們？

莫：是的，如果忽視祂們的話，祂們會生氣。祂們有時候像個（她壓低了音量輕聲說，就像是在說一個秘密或是不想讓神聽到）噓！祂們像是沒順著祂們意的小孩。

朵：我了解你的意思。你們做什麼來安撫這些神呢？

莫：我們給祭司錢。也給蜂蜜。我們設了小祭壇。我們尊敬祂們，讓祂們知道我們知道祂們在那裡。

朵：我不認為你們需要給錢。

莫：是一些銀色的小東西。一些小錢可以讓祂們開心，祂們喜歡閃亮的東西。

朵：但你認為你們可能哪裡沒做對？

莫：祭師這麼說的。我們供奉的不夠多，我們信得不夠虔誠。所以山神在告訴我們，要我們相信和堅定。

朵：你認為山神生氣了。

莫：我是這麼聽說的。

朵：所以山爆發，地也搖晃了。

莫：對。而且熱……滾燙……滾燙的……滾燙的（有困難找到字來表達）熔岩冒出來了，空氣裡都是灰。

朵：所以呼吸很困難。

莫：是的，而且看不見東西。很難呼吸，很可怕。很慘，很多人死去。

朵：你們不能用你們的能力離開那裡嗎？

莫：可以跑，但要到哪裡去呢？(緊張地笑)

朵：我是指你們想要去哪裡就移動到哪裡的能力。你們不能用那種方式離開嗎？

莫：我沒辦法！

朵：必須要在團體裡才能做嗎？

莫：我沒辦法。我們都沒辦法。

朵：我以為那是你們去其他地方的方法。

莫：不是我！我必須走路或是用跑的，或是騎驢子。

朵：所以你們逃不了，大家都必須用跑的。

莫：對，而且當無法呼吸又害怕，很多人都倒下來了。我們的視線很快被灰遮住，越來越無法呼吸了。而且……而且……

朵：沒關係，你可以好好說。你完全不會被影響。我不希望你感到不舒服。你的家人呢？他們在那裡嗎？

莫：不在。我父親和母親在比較高的地方，他們在山頂。他們住在靠山頂的地方，我住在山谷。住在山頂上的人最先死，現在輪到山谷的人了。滿天都是灰，熔岩不斷流出來，地不斷在搖，房子都塌了。

朵：你的女人和小孩都在那裡嗎？

莫：我沒有女人和小孩！這一次我沒有家庭。

朵：所以這是在不同的地方嗎？喔，抱歉，我有點困惑。

莫：我只住過這個地方。

我先前沒有注意到徵兆，事後謄寫時才發現。當我提到用能力去移動而她不知道我在說什麼的時候，我就應該要注意到了。我現在明白了，當我請她前往重要的一天時，她「蛙跳」到另一世，我仍繼續把她當成是在有著紫色太陽星球的那個人說話。現在我明白她已跳進了不同的一世。我當時就必須調整我的問話。

朵：你只住過這個地方。好吧。聽起來這個地方很可怕。

莫：天要塌下來了，地面在上升，快要跟天連在一起了。我們時間不多了。

朵：你是做什麼工作？

莫：我做黃金珠寶，金葉子和……項鍊。頭飾和皇冠。還有手鐲。我做珠寶。

我們已經進入她另一世死亡的那天，但我當時要繼續完成紫太陽行星上那個不尋常男子的一生，而不是探索不同的一世。此外，我知道我可以和潛意識對話，到時就可以完全釐清是怎麼回事。於是我引導她離開那個毀滅的場景，找到那個有著紫太陽的行星，住在圓頂建物裡的穿著毛皮的男子。她立刻回到那一世，我也得以引導她前往那一世的最後一天。

朵：發生了什麼事？你在最後這一天看到什麼？

莫：我的家人來向我告別。我死亡的時間到了。

朵：你的身體有任何問題嗎？

莫：就是筋疲力盡。該離開了。讓出空間給其他人來這兒住。

朵：有時候身體停止運作是因為有了問題。

莫：不，身體就是不再運作了。我相信是離開的時候了。我覺得很自在。

朵：你可以決定死亡的時間？

莫：在我們的……社會裡有選項。我們可以一直活著直到生病或意外而離開，我們也可以選擇自己要走的時間。我剛剛決定我現在要走了。我已經完成我的目的了。

朵：所以你的家人在你身邊。我想你的孩子都已經是大人了，是嗎？

莫：我的太太已經走了。你們的用語是「太太」，對吧？她已經過世了。我的兒子和女兒在這裡。他們的孫子也在這裡。我們現在有曾孫了。

朵：所以他們全都在那裡向你道別。

莫：對，向我告別。這不是什麼大事（指死亡）。他們來是表示尊敬，來向我致意。

朵：你現在在你的圓頂建物裡面嗎？

莫：我們現在不在之前那個地方。我們有另一個地方，我們選擇住在外面的鄉下。

朵：我以為你會在你很喜歡的洞穴裡。

莫：沒有，因為我還不想跟其他人分享這個洞穴。我從沒有告訴任何人這個洞穴的事。沒有必要。

朵：那是你自己一個人的秘密。

莫：對，那是我找到的山洞。

朵：現在讓我們移動到一切都已發生的時候，你已經在另一個世界了。你可以從那裡來回顧這完整的一世。從另一個完全不同的觀點來看。你離開身體後，他們怎麼處理你的身體？那邊處理的習俗是什麼？

莫：身體……（笑）它分解了。對，分解了。但我們不是逐漸變成什麼都不是，身體分解了，然後被我們的土地吸收。我們成為空氣和土地的一部分。你知道嗎？離開是很輕鬆容易的事。當你準備好離開，而且知道自己已經完成來此的目的，離開就是輕鬆且歡慶的事。有的人可能會覺得難過，但是，不，那只是短暫的。現在開始慶祝了。我脫離身體，自由了。

朵：他們慶祝是因為知道你將要到另一個世界。

莫：是的，而且好歡樂喔。（笑）喔，他們在下面很開心，而且（聲音變小）他們在說我的好。他們對我有很好的回憶。

朵：你認為你有從那一世學到什麼嗎？

莫：（緩慢地）我學到我能夠影響別人。我需要非常留意，不要以一種自己的看法是唯一見解的方式表達給其他人、其他生命和家人。要允許每個人有他們自己去發現的空間。

朵：那是非常好的一課，不是嗎？

莫：是的。但有時候會很難受。（笑）

朵：那是不錯的一世。

莫：喔，是啊，很美好的一世。我沒有欲望，我沒有遺憾。

朵：而且你可以用心靈來做神奇的事，創造美好的事物。

莫：你似乎對這樣感到很意外和訝異。

朵：嗯⋯有些地方的人並沒有使用他們的心智。

莫：原來如此！但我不懂⋯⋯（笑）

朵：我的意思是有很多地方的人並不知道如何使用這些能力。

莫：我猜想或許我們的種族一直都有這些能力吧。回想我的人生，我們的確是如此。

朵：你們全部的人都有，所以這是天生的。（對。）所以我才這麼驚訝，因為在我的地方，那樣的能力不是天生的。

莫：可是你們有一個黃色的太陽。

朵：（笑）沒錯，我們有個黃色的太陽。（笑）不同的地方，太陽也一定不一樣。（她笑了）而且我們有你們沒有的東西，我們有月亮。（哦？）月亮是白色的，天黑了就看到了。（哦？）就像我告訴你的，太陽離開去睡覺時，月亮就出來了。（哦？）所以我們有不一樣的東西。

莫：你可以用你的心靈移動東西嗎？

朵：不行，我們還沒學到要怎麼做。

莫：（大嘆一口氣）你知道，這讓生活容易多了。

朵：的確。我很佩服你們知道怎麼做，也許你可以教我們。我們會用到的。

莫：也許吧。但因為是天生的，我也不知道要怎麼教。我甚至不知道要怎麼形容。我們就是這樣做啊。

接著我引導她回到我們現在的時間，將莫莉的人格整合回她的身體，這樣我才能跟她的潛意識接觸並找出答案。當轉移發生時，她做了深呼吸。

朵：你為什麼選擇讓她看到那不尋常的一世？我認為很不尋常。（笑）你為什麼選擇生活在有紫色太陽星球的那一世給她看？

莫：她想知道在其他星球的生活，而不是地球生命。

朵：那聽起來像是在另一個星球。（對。）那裡沒有夜晚嗎？

莫：沒有。也許你在想有沒有時間這件事？（對。）他們沒有時間的概念。他們沒有白天和黑夜之分。當他們累了，他們就休息。不累的時候，他們就不休息。是的，他們沒有夜晚。一直都是這樣。不需要有黑暗的夜晚。

朵：因為我想的世界是繞著太陽轉的。

莫：他們的星系在很遙遠的地方。不屬於這個太陽系。我認為那裡是……（在思考如何表達而停頓）超級太陽（super sun）的星系。不，這不是正確的字。

朵：它不屬於我們這個太陽系就是了。

莫：沒錯。

朵：但它是銀河系的一部分。

莫：沒錯。

朵：而且那裡有一個不一樣的太陽。

莫：那不是像人類所知道的太陽。它是屬於一個超級……我猜超級太陽會是……那是莫莉的語言：超級太陽。超級太陽是所知的至高生命體。它提供光，照亮黑暗。而那個星球並沒有黑暗。

朵：聽起來像是我聽過的「中央太陽」(central sun)。

莫：就是了。中央太陽。這就符合描述了，沒錯。

朵：可是他們有身體。(對。)而且他們使用心智到達一個不可思議的程度。

莫：是的，沒錯。他們可以顯化事物。

朵：他們是實體的生命，因為他們吃東西、睡覺，也會死。

莫：對。他們的生命週期比較短。他們選擇較短的生命週期，好讓星球上的人口維持稀少。

朵：可是那個星球真的很不一樣，因為太陽一直在天上，而且是紫色的。

莫：沒錯。

朵：你讓莫莉看到那一世，是想讓她知道她曾經生活在別的星球嗎？

莫：對。

朵：這跟她現在這一世有什麼關係？

莫：她仍然有能力把她需要的任何事物顯化出來。她天生擁有許多能力，但她害怕承認，因為這會使得她跟別人不同。

朵：所以你是想讓她知道，她之前就使用過這樣的能力，而她現在也可以？(是的。)

但她要如何取得這種能力？她要如何顯化或帶出這種能力？

莫：選擇憶起。

朵：我知道我們一旦學會某樣東西就永遠不會忘記。學到的一直都在。如果時機適當的話，這個能力可以重現。她現在可以使用這種能力了，是嗎？

莫：是的，如果她能克服所謂的人類的恐懼的話。

朵：你是知道人類的。

莫：是啊。（笑）喔，真是個挑戰。（大笑）為什麼人們會來到地球？（笑）他們有這樣的挑戰啊。真有趣！（她繼續笑）

朵：為了學習課題。（沒錯。）他們忘了所有曾經知道的事。（對。）所以如果她選擇憶起，那麼她就能帶回這個能力，去顯化她想要的一切。

莫：沒錯。

朵：我想她會想取回這些能力。你可以多解釋她可以怎麼做嗎？

莫：很多事情對她來說都來得很容易。在這一世，她認為她必須努力才能得到，（笑）其實她不用如此。如果她能多花點時間在靜坐冥想，她的記憶就會大量且快速地回來。我告訴你，她以為她做不到的想法是她在這一世所接受的制約觀念。

朵：催眠時，我引導她前往重要的一天，那時她顯然跳到了另一世。那裡正好有火山爆發，地在搖晃。為什麼你讓她跳進那一世？我們當時沒有進一步探索，那是那一世的最後一天。為什麼你要讓她看到那一世呢？

莫：為的是提醒她，沒有向內探尋並認識她內在的神，卻把自己的力量交託給外在力量和影響是愚蠢的——我找不到別的字。

朵：這跟火山爆發和陸地變動有什麼關聯？

莫：因為他們相信是沒有安撫眾神才造成的。

朵：喔，對，沒錯。他們沒有安撫眾神，所以導致劇變。

莫：對。他們是那麼相信的，在她現在生活的地方還有一些這樣的觀念，而且很普遍。這樣的信仰體系令她恐懼。

朵：沒錯，那和她這世的宗教是一樣的。她看到那一世的少許片段是要提醒她，不要被她生活裡的傳統宗教信仰的文化給限制住了，而是要思考並發現她內在的真神。

我跟莫莉談話時，她說她有個奇怪的童年記憶。她記得自己被放到一個黑暗的地方，因為沒有人想跟她有任何接觸。她認為那可能是衣櫃，而且有一次她像是在裡面待了好幾天。當然，那麼多天她早就髒又臭了。她有種感覺，沒人想跟她有任何關係。當她問她母親有關這些童年記憶時，她的母親否認，並說八成是她虛構或幻想出來的。但她說，她為什麼要幻想這麼可怕的記憶？她在這次催眠想要探索的其中一件事，就是這到底是真實的記憶，還是瘋狂的幻想。在我還未向潛意識提出這個問題之前，潛意識就回答了。答案非常奇怪，我們怎麼想都不會想到。

莫莉未足月就出生了，那時她的家人住在很偏僻的鄉下。她母親做了當時唯一知道的事：把莫莉放進一個鞋盒，然後將鞋盒放在打開的烤箱門前，讓早產的她取暖。

莫：嗯，你知道……不，你不會知道，讓我告訴你。她帶了很多對別人來說的天賦來到這一世。她進入這個小小的身體。她出生時只有大約四磅重。她會做那些事，這個在烤箱門的鞋盒裡的小嬰兒。(笑)她做了些事，但那些事會把人嚇個半死。有一次她母親還把她放進烤箱裡，為的就是讓她停止。因為她會玩廚房的東西。(笑)她母親很怕她。

朵：她曾經移動過東西。

莫：對。她喜歡玩銀製餐具，因為會發亮。那個很亮。（笑）而且有聲音，可是就嚇到她母親了。所以她母親才把她關起來。

朵：所以她母親把她放進烤箱。

莫：有時候會把烤箱的門關起來。

朵：她有被關在衣櫃的奇怪記憶，你可以針對這點告訴她什麼嗎？（沈默）你覺得呢？可以讓她知道嗎？

莫：（嚴肅的語氣）讓她知道這是事實而不是幻想會比較好。而且讓她知道很重要。當她才幾歲大時，他們把她關在衣櫃裡，想忘掉她的存在，因為她把他們嚇壞了。可是她卻責怪自己，因為他們總是跟她說，她會在那裡是她的錯；如果她乖一點的話，就不會被關在那兒了。

朵：她做了什麼事？

莫：她喜歡把那些閃亮的銀器飄浮起來。黑暗的時候，她喜歡讓空間亮起來。在還不到該講話的年紀，她就喜歡哼哼唱唱。她這樣會嚇到人。他們覺得她很怪，於是她責怪自己。但那不是她的錯。她是在使用她所記得的，還有她知道如何使用的能力。只是時間有點不對。

朵：對，她認為那很自然。

莫：然後，隨著年齡增長她也會做……不尋常的事。因此她又被排拒，或被懲罰，直到她停止做這些事為止。

朵：那是唯一生存下去的辦法。

莫：沒錯。她形容那像是關上龍頭。

朵：所以當她比較大了，塞不進烤箱，他們就把她關進衣櫃裡。是這樣嗎？（是的。）這很殘忍，但我想他們真的很怕她。

莫：他們把她放到黑暗的地方，這樣就不會看到她，比較容易忘記她的存在。他們也就不必面對那些飄浮在廚房或屋裡空中的東西，或聽到她的歌聲了。

朵：所以最後為了生存，她關了這些能力的開關，不再做這樣的事，他們才讓她跟他們一起住在屋子裡？

莫：是的。只要她沒有不乖，她就可以成為這個家的一分子。

朵：嗯⋯如果那些能力曾被抑制，你覺得她現在會不會害怕取回這些能力？

莫：我覺得會，因為有人可能會把她押回衣櫃，鎖上門，不再讓她出來。

朵：嗯⋯你知道的，她現在已經長大了，他們現在不會真的這樣對她了。（是的。）但我能理解她為什麼會害怕。

莫：我想她可以先做一些這個社會比較能接受的事，然後讓能力一點點地回來。因為如果她到了外面，然後在一塊空地中間創造出一棟房子，你知道的，政府可能會來找她(笑)。

朵：如果她讓房間裡的東西飄浮，我想她先生可能會很害怕吧。(笑)所以她不該做那些事。

莫：對。但也許她可以把水龍頭打開，讓水一滴一滴地流出來。她很有能力幫助別人。她能提升他們遠離黑暗。但那麼做會嚇到人，因為不是所有的人都已經準備好要知道自己的真實身分。她害怕水龍頭一旦打開，將一發不可收拾，把大家都嚇跑。她很怕被排斥。她可以利用冥想的方式先帶回少部分知識並緩和她的恐懼。有一個畫面可以幫上她。廚房水槽下面不是有個彎管嗎？像這樣。(做動作表示)就在水槽底下，有個排水管，還有個存水彎管。很多東西會塞在彎管裡。她可以觀想自己每次把彎管抬起來一些些，讓東西一點點滲回來。

朵：回流到水槽。(是的。)這是她可以利用的心理圖像，一個想像的畫面。

莫：沒錯。然後隨著她每次打開彎管，或是每次一點點的清理彎管時，她就是在挪出空間，讓那些她已經忘記或卡住的資訊回來。

朵：所以她不必一定要取回全部的能力，那樣做可能會讓她無法負荷。

莫：也會讓很多人無法應付。

這類能力正被允許重返我們現在這個時代，因為在不久的將來，這些能力會被視為正常。但這要溫和地進行，才不會嚇到她自己和她身邊的人。最重要的是，現在莫莉已經知道這個奇怪的童年記憶並非她的想像，而是那些被她嚇到和無法理解她的人所採取的行動。我很好奇，還有多少人也有過這樣的經歷，被逼得要關閉自己的能力與記憶。對人們來說，要能理解及接受小孩異乎尋常的行為是非常困難的事。

第六篇

次元和時間門戶

第十九章　門戶的守護者

在我做的催眠療癒中，有百分之九十的個案，他們現今的問題都是從過去世找到答案。然而，個案發現自己在一個不像地球的陌生環境的情形已越來越頻繁。他們也越來越常發現自己在一個平行世界；催眠時經歷的生活與他們現在這一世都存在於同樣的時間。許多懷疑論者會說這些只是幻想，但是這些幻想卻跟我曾聽聞過的大不相同。大多時候，個案所回溯到的前世非常無趣和平凡；我稱之為「挖馬鈴薯」的人生，因為他們通常是農夫或僕人……等等，生活裡沒有什麼有趣或令人興奮的事可說，就是做些簡單、很一般的事，像是在田裡工作。非常平淡無奇的人生。

很多時候，個案在清醒後感到失望。有個男子在這類平凡的催眠情節結束後便說：「嗯……我當然不會是埃及的法老王啦。」如果他們的催眠是在幻想，我相信他們會虛構出一個令人嚮往的獨特人生，像是自高塔解救了美麗少女，穿著閃亮盔甲的騎士或白馬王子的一世，或是灰姑娘遇到迷人王子的精彩故事。但這個情形從未發生。從我的角度來看，個案經歷的人生也許平凡，而我也常好奇潛意識為什麼會選擇那一世讓個案體驗。但在整個催眠結束前，我們就會恍然大悟，那正是個案需要看到的一世。因為總會有某件事跟個案經歷的問題相關，不論其中的連結有多隱晦或難以理解。原因從來不是那麼容易就能從表面看出，而潛意識總是會以它無盡的智慧選出最精確的一世。

偶爾，個案進入的場景非常奇怪和不對勁，他們甚至無法以言語形容。在這些案例，我很確定個案並不是在虛構或幻想情節，要不然他們不會如此困惑。

接下來的催眠就是很典型的例子。這場催眠是二〇〇二年十月在佛羅里達州進行。貝蒂是任職於一家大醫院的新生兒科護士。她在出神狀態下的發現，絕對不是她所預期的情況。當她下了雲端，她發現自己站在某個很不尋常的東西面前，她找不出字彙來形容。

貝：它看起來像……它看起來像水晶……水晶山的東西。（輕聲笑了出來）我不知道還能怎麼說。它看起來像水晶山。我看到一個像是美國原住民的黑髮男孩站在這個水晶山前面。這個山看起來有點像冰，但它不冰冷。它是透明的，但又不是完全透明。它在陽光下閃耀。

這聽起來絕不像是地球的東西，可是她又提到印地安小男孩。她人是在哪裡？

朵：這個男孩還在那裡嗎？（我當時想她也許就是那個男孩）（是的。）他的穿著如何？

貝：只有在腰下有鹿皮。他大概十歲。

朵：嗯……往下看看自己，你有穿任何東西嗎？

這通常是我開始引導個案適應他們前世身體的方法。她的回答出乎意料。

貝：我……不行……我很大！……我很巨大！我不是一個身體。我是（不確定要如何措詞）……我是能量形態。跟這個男孩比起來，我非常大。

朵：你覺得你有邊緣，有範圍嗎？

貝：有，但不是固態的。它會變動，會改變，但都具有同樣多的能量。周界會移動和變化，但範圍很大。

朵：所以還是有範圍的。（是啊，是啊！）好。你跟這個男孩是什麼關係？

貝：我只是在觀察他……我覺得我想進去這個山裡面。那裡有一個洞口。但我的感覺是我可以**變成**這個山，就好像……透過進到洞裡，我可以體驗山的生命。我會變成它。雖然我還是可以再跟它分開。

我對能量體並不陌生，那是一種生命的形式。為了體驗，它們可以形成或創造出任何想要的身體形態。但這一個聽起來不一樣。

朵：所以你能夠體驗許多不一樣的東西？

貝：是的。我能夠變成……我能跟其他能量成為一體，體驗那是什麼感覺。分開後，那個意識就會是我的一部分。我即將要用那樣的方式體驗。

朵：你剛剛說那裡有個洞口？

貝：對。是一個很大的洞隙，像是天然的開口。（突然間）你知道嗎？這個水晶山根本不是真的山。它只是讓自己看起來是山的樣子。它像是太空船。它是交通工具。

真有趣！

朵：你怎麼知道？

貝：（語氣興奮）因為當我看到這個洞……你知道的，這是從外面看到的樣子。但當我進一步探索這個洞口，想試著解釋時，我意識到它並不是它所顯現的樣子。

朵：你的意思是山是假象？

貝：沒錯，正是如此。所以看到它的人，看到的是山。可是當更近地檢查，它就改變了。啊哈！

朵：如果它是在地球，它旁邊還會有別的山。可能不同顏色，但不會是透明的。

貝：沒錯。在它周圍有跟它不一樣的山。它們是棕色，有樹什麼的。

朵：看到水晶山很不尋常。可能會引起更多注意。

貝：它是會引起更多注意。沒錯！嗯，這會令人困惑。可是……我後來懷疑別人看得到它嗎？因為我看到那個男孩。他有看到嗎？我不知道。我看不出來。那個洞口，它從看起來是天然的洞隙變成了一個入口。就在我看著它的時候，它變化成一個門，而且從地面到那個門之間還有階梯。階梯似乎不是那麼固態。它看起來是結晶體和光，但我知道當踏在上面的時候，它會是堅固的。可是我也有個感覺，如果有人就這樣走過去，他們也不會覺察到它。對我來說，唯一合理的解釋就是，那是兩個世界的融合。它像是一處介於兩個世界的地方，兼具兩個世界的片段。

朵：這是為什麼有人看得到，有人看不到它的原因嗎？

貝：是的。也因此我會覺得自己是屬於……嗯……我想到什麼就說什麼……我有我是連接這兩個不同世界的入口，或這個中間地的守護者的感覺。因此那些不該進入的人就看不到，而那些可以進來的就能看到。我對這樣的覺察負有責任，因為我可以覺察到兩個世界，沒錯，是這樣的。

朵：你知道誰可以進來，誰不能進來。（對。）可是那些不該進來的不是也不會覺察到嗎？

貝：通常是的。然而，有時特定的情況會使得一般看不到的人看到了。發生這樣的事大都沒什麼益處。氣層壓力和能量……的特定改變……（說得很慢，像是不確定並在搜尋用字。）特定的……沒錯，特定的改變會讓這個情形發生。

朵：會使一般來說不會看到的地方可能被看到。（沒錯。）在那樣的情況下，就會有原本不該看到的人看到了。

貝：是的，這會令人很困惑。

朵：他們能夠進去嗎？

貝：因為能量的配置，他們的身體構造必須改變才行。因此可能……很可能身體會立刻被分解。

朵：哦？身體會被摧毀嗎？

貝：靈魂不會。身體……細胞組織會被摧毀。

朵：所以一旦接觸到那個能量就無法存活？

貝：沒錯，因為是不同的組成。頻率也不同。沒錯。甚至靈魂能量／層面也會很困惑，不明白發生了什麼事。事情並不是要那樣發生的。

朵：所以，你的工作是要確定這樣的事不會發生。

貝：對，我有監護之類的責任。

朵：你會稱這個是門戶(指次元出入口)嗎？

貝：對，你可以這麼稱它。我相信這也是為什麼我能夠進入這個水晶體的東西，不論它是山或太空船或什麼的，而且變成……具有它的意識，因為這個水晶體會發揮，強化能量……分開不同的存在。

朵：如果有人來了呢？你會做什麼去轉移他們的注意或讓他們離開？

貝：我把我的能量專注在那個地方的彎道。溫和地把他們往反方向輕推。輕輕推一把，讓他們感覺像是風把他們吹往另一個方向。

朵：只要能讓他們離開那裡，避免跟那個能量接觸？因為你的工作是不讓他們受到傷害？

貝：正是如此。保護，沒錯。

朵：那個門戶一直都在那裡嗎？

貝：在某些特定時候開啓的可能性較高，也有些時候是關閉的。關閉時就不會是問題。

朵：所以它不會像太空船一樣移動？

貝：沒錯，它停留在同一個地方。但當我這麼近看時，它比較像我們會說的星門（stargate），而不是會離開的太空船。它比較像是進入另一個次元的出入口。

朵：這是為什麼它停留在同一個地方？

貝：沒錯。

朵：這個門戶，這個星門的用途是什麼？

貝：這我必須努力解釋。我可以的。這個門戶讓能量就咻地（發出很長的咻聲還搭配手勢）穿越時空到了另一個完全不同的——我要說的是——「星系」。

朵：從你的手勢看來，它是狹長形的，像個管子？

貝：沒錯。請試著想像看到了恆星、宇宙和能量。但是是非常快速的……咻的（做出同樣的聲音和手勢）運送系統。從這個門戶傳送到另一個星系。

朵：如果你走進水晶山裡面，這就是你會看到的？

貝：這是一部分，因為在裡面還有好多鮮明、繽紛的色彩，以及結晶體的東西。那是要（有困難找到適當的字）……重新進入……不是減敏（desensitization），而是要讓你再次感覺正常。（笑）因為當你過去……你必須重新……不是重新產生……是重新……

朵：重新調適嗎？

貝：重新調適，謝謝。哇，好難！是適應。重新補充能量。（笑）

朵：有時候很難找到適當的字。

貝：是的，重新調適。所以這就像是一個重新調整的區域。你進入這個有著許多美麗顏色的結晶體空間。它們讓你充滿活力，恢復你的能量……重新……剛剛是怎麼說的？

朵：調適？

貝：調適。

朵：如果它重新調整你，那是在穿越之前還是之後？

貝：之後。在另一端也有。我不確定在另一頭的那個在這時候看起來是怎樣。我必須過去。可是我必須把部分的自己留在這裡，因為我必須盡我的責任。

朵：對，你要看守這個門戶。

貝：這個門戶是給來這裡學習的存在體使用。他們來這裡透過觀察而有更多的認識。我說「觀察」，不只是觀看而已。是用你的每個感官來觀察，因此你會感覺，不，是**體驗**到。可是你是在觀察，因為你沒有創造任何東西。你是個觀察者，為了學習的目的，你被允許多多少少和那裡的能量融合。

朵：那些是有身體的生命形態嗎？

貝：不到人類的程度。他們有身體，可是不那麼濃密。這是為什麼他們能夠在那個層面融合並且觀察某個經驗。

朵：他們從哪裡來的？

貝：（沈默，然後在試著解釋的時候，笑了出來。）P－L，跟P－L有關。我不認為是冥王星。P－L。（譯注：冥王星英文為Pluto）

朵：就把你想到的告訴我。他們不是來自地球？

貝：不是，不是。他們不一樣。

朵：是來自我們的太陽系嗎？

貝：嗯……更遠一些。來自不同本質的行星。它不是一個完全實體的行星。

朵：所以也不是跟你們一樣是能量形式？

貝：沒錯。他們跟我不一樣。我看起來不像人類，不像肉體。我的能量在轉變。那些透過這個傳送的門戶系統來到這裡的生命體，有著跟人類類似的形體。跟身體很像。他們是高瘦的生物，看起來像粗厚的繩子，但就像我說的，他們不是實體。

朵：沒有那麼實體？（沒有，沒有。）所以，當他們透過這個通道，這個管子什麼的，他們就會立刻進到這個空間？

貝：沒錯。它們就是從那裡進來的。

朵：然後他們重新調整他們的能量？振動什麼的？（對。）接著他們做什麼？

貝：接著他們就能從那裡出來。這個形容並不好，可是就像你透過玻璃能看得到一樣，但那裡沒有玻璃，沒有像那樣的阻隔。他們已經穿透門戶，然後從光和色彩的水晶體結構出來，他們不在那個調整能量的結構裡了。他們出來就是正對著——我想說的是「地球」。他們在這個星球，而且可以看到這裡發生的事，因此他們能夠觀察和融入。

朵：他們被允許離開那個地方嗎？

貝：看起來沒有。

朵：所以他們只是站在那邊觀察，並沒有實際進入這另一個次元。

貝：沒錯。但他們是在很有利的位置，他們從這個門戶可以觀察到選擇觀看的任何地方。

在另一個催眠，一位女性個案看到類似蟲洞的東西，而且有生物從那裡進進出出。她形容那是一個狹長的管子，看得到裡面盤旋的結構。這會是對同類型裝置的另一種描述嗎？如果是的話，她看到生物進進出出，而這個個案回溯到的是只允許透過門戶觀看。

朵：所以他們不只是看到這個門户所在的地球地區。他們看得到想看的任何一個地方，而不用旅行到那裡。

貝：沒錯，差不多是這樣，但如何運作我就不是很清楚。(笑)

朵：看看你能不能發現。他們是如何從一個角度就能看到，而且不必實際進入這個次元便能到地球各地？

貝：他們轉換他們的視角。他們出來後，會看到一個特定的場景或地區。然後他們只要改變／轉移視角，世界就好像也跟著移動了一樣，於是他們就能看到。我知道聽起來不合理，可是……我看到的是這個三管式的金色能量就變動了。(輕聲笑)舉例來說，地球會是這麼大(一個小東西的手勢)。他們在這個地方，而這個三管的金色能量在移動，每樣東西都跟著動，他們在觀察。這是我唯一知道的形容方式了。雖然地球顯然不是這個大小(手勢)，可是在他們觀察的時候，地球就像是那麼小，所以很容易移動。

朵：透過這個方式，他們是觀察者，沒有跟人類交流互動。

貝：沒錯，沒有交流。他們沒有改變任何事。他們只是在觀察和整合資訊。

朵：他們不被允許離開那裡。我想是因為他們的能量矩陣的關係？

貝：完全沒錯。他們不行也不會這麼做。他們了解那會影響他們的能量場。人類甚至還不知道有這個門戶存在。

朵：所以這些生物就只是觀察和整合資料，或收集累積他們想要的資訊。然後他們再透過這個管子回到他們的地方？

貝：沒錯。他們透過那個門戶過來，但他們是從別的地方去到那個門戶。他們來觀察，然後回去。回去報告。

朵：我剛剛在想，在另一端有那麼一個像是中心位置的地方。（對。）你知道他們如何處理那些透過觀察得到的資料嗎？

貝：有很多用途。（停下來思考）我現在看到我的能量在轉變，從那個看守門戶的生命體轉變為他們其中一位。

朵：你是說過你可以這麼做。只要你留下部分能量看守入口。

貝：沒錯。（大嘆一口氣）通過管子確實會使你的能量活躍起來。所以那個你進出的房間會……你剛剛用的是什麼字？

朵：調適？

貝：調適，這非常、非常重要。

朵：他們回去的速度……很快嗎？

貝：非常快。非常、非常快。然後從另一端出來，又是另一個顏色，另一個能量系統。

朵：像是另一個房間。

貝：沒錯。顏色和能量的強度又把你帶回原本的你。然後回到另一個星球。接著回到總部。

朵：另一端的出口是什麼樣子？

貝：它也是水晶體的結構。

朵：但在另一端的人可以看到嗎？

貝：它也有隱形功能。因為有些人跟那個能量工作，有些沒有。

朵：所以跟在地球一樣？不是每個人都看得到。

貝：沒錯。雖然那個星球的生物是在較高或不同的頻率，仍然沒必要每個人都知道。

朵：所以你跟著回去的那個生物，後來他去了哪裡？

貝：我看到他了。他在寫東西。可是很神奇，那不是具象的，雖然看起來類似（她的手在動）。他在用手寫什麼，可是當我看的時候，變成了光和顏色。光和顏色非常重要。觀察也是，學習也是，獲得的知識被整合到……（有困難描述）我看到像是掛毯的東西。這是怎麼回事？

朵：也許你是想做個比較。

貝：也許。因為那個抄寫的資料進入了掛毯，或是說紀錄也可以。他是坐著的，寫在看起來像是板子的上面。當我說板子，我的意思是它像是石板。不是紙。那裡還有支我會說是「神奇的筆」。因為他看起來是在用神奇的方式書寫，會有美麗的顏色和光照在上面，然後寫的東西移動並流動進入到……我會說是種編織的東西。有彩色的光閃耀，而且在移動，所以跟我們想的掛毯不一樣。(她有困難描述)那是某種紀錄，而且是有生命的紀錄。

這聽起來跟靈界的智慧殿堂裡的生命掛毯很類似。《生死之間》有相關說明。生命掛毯被形容為不可置信的美，織入其間的美麗色彩讓它看來像是有生命，而且在呼吸。我不認為它們是同樣的東西，因為靈界的掛毯記載的是每個靈魂和他們的人生紀錄。每個人生都以一條線代表。這裡描述的掛毯也是一種紀錄，但也許是不同類的紀錄。

朵：這是他的工作嗎？他一直在做這個？

貝：是的。他很喜歡。

朵：你說還有很多人知道這個門戶？

貝：對。有來自其他星球的生物來到這個門戶。是真的。有很多生物知道門戶的存在。這是一個，還有很多別的門戶。有些送回來的資料是用來幫助發展新的可能性。就像你在學校，他們教你其他人已經知道的事。而一旦你有了基礎，你就可以發展自己的想法。(自己的)創意。

朵：就像科學家和研究者。他們用基礎去發展自己的概念。你是這個意思嗎？

貝：對，而且也為這個星球提供新的可能性。因為他們觀察，理解，然後回去，並且討論。他們說：「我們要怎麼幫助這個星球的人？」然後他們會有些想法。然後回來。不，不可能……不是這樣。嗯……是把它加入已經存在的知識體系裡。有關地球……特別是在這個情況的地球。

朵：所以他們是在累積知識並試著發展新想法來幫助地球進步嗎？

貝：那是我得到的印象。可是一定還有使用那些資料來幫助地球的其他方法。因為當他們透過管子過來，他們只是觀察，他們無法實際幫助。他們觀察，然後將資料帶回他們的星球並做記錄。所以一定有其他幫忙的方法。不是透過這個門戶的方式。

朵：透過管子過來的其他生物也是為了同樣原因嗎？

貝：有些只是好奇。這是被允許的。他們出於好奇而觀察，不做任何干預。就像允許我們觀察而不干預一樣。我跟著這個要把資料帶回他的星球的生物回去，那裡有某種（有困難描述）……我在努力看得更清楚（停頓）。這個比較難瞭解，所以……它看起來是某種發送的過程。我覺得沒道理。這是為什麼我有點卡住了。

朵：就盡你所能形容就好。

貝：好的。他們收集資料。他跟長得跟他一樣的生物分享。接著他們朝地球傳送或發射特定的能量或資料。

朵：將資料反向發送回地球。

貝：對。就像是個引導系統。得自地球的資料、觀察自地球的資料、跟著這些生物一起送回去。然後這些生物拿這些資料並且……傳回地球人需要的一些協助或指引，或就是一點小調整，或靈感，幫助他們朝正確的方向前進。這不是以自己的主觀想法或意見要去影響，這只是傳送一些靈感，發送到地球能量的氣層，然後地球上會有人接收到這些信號，也就是說，收到那些靈感，這樣就可以幫助地球人前進到下個階段。或是讓原本需要更久時間才會發生的東西早些實現。

朵：這是透過個體完成還是……

貝：不是，是一個團體。是一個有能夠發送思想形式或靈感回到地球的某種機器的團體。譬如說，地球現在正在戰爭與和平，光與黑暗間掙扎。地球正要脫離二元性。隨著這個情形，二元性也會被強化，因此這些生物，他們在某個時間點觀察，然後回去他們的星球，然後發送，譬如說，能夠結合集體意識，能夠創造你們想要的現實的想法，或類似靈感的資料到地球。由於地球不同的地區在同樣時期有很多人接收到這個靈感或啓發，因此聯合起來使它發生。這麼說你明白嗎？

朵：是的，我明白。但這些團體是被指示這麼做的嗎？他們不是要自己這麼做的，對吧？(沒有回答)有人告訴他們可以傳送什麼回來地球嗎？

貝：我要把意思傳遞正確。他們就像是幫助這個星球成長的較高階議會，所以他們不是唯一這麼做的團體，他們是其中之一，就如也有更高階的生命體在幫助他們的進展一樣。所以這樣的協助是無限地層層延伸下去。

朵：所以有很多不同的層次？(對。)地球人還沒那麼進步，我們是在這些層次的底部，我猜想。

貝：我不會說是底層，地球人在轉變中。他們在移動了。

朵：可是他們並不知道這些。

貝：沒錯，沒錯。有些人知道，因為能量在轉變，頻率在增加，有越來越多人意識到這個關聯。譬如說，我們有高我在觀察和協助，但我們也一直都有自由意志，有選擇。那些傳來的啓發和靈感，是為了那些會有共鳴的人。

朵：並不是強迫每個人接受，而且那可能就是那些會接受、會有共鳴的人正在尋找的。

貝：正是如此，沒錯。也是他們要求的。

★★★

在我持續累積的資料裡，似乎有個共通的核心主題；這些資料都跟在許多層面的大量溝通有關。我們的身體一直在持續處理和傳送訊息到我們的大腦和中央神經系統。我們的DNA也在處理資訊。《生死之間》說得很清楚，我們必須在地球和其他星球經歷無數次人世。我們在地球必須體驗了生命的所有形式（石頭、植物、動物），再進化到人類階段。然後當我們到達人類階段，在完成人類循環之前，我們必須體驗人生中的一切（富／窮、女性／男性、生活在每個大陸、身為每個種族和宗教等等）。而在所有人世之間，我們往返靈界。我們的主要目標是儘量收集一切資料。我們源於上帝，我們的目標是回到上帝那裡。《生死之間》的資料提到，上帝發展這個系統因為祂無法自己學習。我們——上帝的孩子——被期望帶著透過所有經歷所收集到的一切知識與資料回到上帝那兒。就此而言，我們就像上帝身體裡的細胞。

我從外星人和其他較進化或較覺知的生命體得知，他們在吸收資訊方面有積極得多的角色（相較人類）。他們為了各種不同的目的也在記錄和累積資訊。《監護人》書裡就有外星人記錄我們學到了什麼的案例。這也是植入物的目的之一。外星人透過植入物記錄那個人看到、聽到和感受到的一切，然後傳送到一個巨大的電腦庫（沒有更好的字可形容了）。這些電腦庫直接連線地球文明的歷史紀錄，而這些資料都放在更高階的議會。我們從《地球守護者》和《迴旋宇宙1》也發現，有時候整個星球就是記錄裝置。在這本書的後半部，我們會看到我們的太陽系也是如此，我們的太陽就是主要的記錄裝置。我們的星球現在正送出她對此刻所受傷害的反應和經驗並非無法想像或不可思議的事。畢竟，地球是一個活生生的生命體。

從我們身體最微小的細胞到整個宇宙，資訊的累積和傳送似乎都是共同的主題或模式。不論是從微觀還是巨觀的角度，資訊都被傳送和儲存。唯一合理的解釋是所有資訊的最終點就是上帝，也就是源頭。跟巨型電腦類似，祂也在累積資訊。目的為何，我們也只能猜測。然而，這是正進行中的事，已是越來越明顯的事實。

★ ★ ★

朵：為什麼這些生物都那麼關心地球發生的事？

貝：地球是很特別的星球。她混合了許多許多來自不同地方的能量。因此她就像一個美麗的……我不想說是「實驗」，可是確實是一個美麗的實驗，因為我沒有更好的字可形容。

朵：是的，我以前就聽過這樣的說法。

貝：這是聚集這些能量，並允許自由意志和不同的體驗發生的實驗。這個偉大的實驗，事實上是靈魂與生物學的融合。是靈魂與身體的融合。那些不考慮有物質身體的靈魂就錯過了這樣的體驗。這是跟融合，跟靈魂與物質存在的整合有關。這是這個偉大實驗的部分。那些不屬於這個密度的，並沒有這樣的經驗。他們的經驗很不同，因此很好奇，也對這一切會怎麼發展感到興奮。而且很明顯的，我們有光明和黑暗，有美麗和醜陋。這些我們都有，還有挑戰。

朵：那些在觀看的生命沒有這樣的多樣性？

貝：沒有，不是這樣。跟地球完全不同。這裡就像伊甸園。身為人類，我們把它視為理所當然。我們已經完全把這個美麗的伊甸園視為理所當然。真令人難過。

朵：可是別的星球也有些是實體的，不是嗎？

貝：是的，也有些是實體星球。但它們的多樣性不像這裡這麼豐富。地球的多樣性大得多了。

朵：我在想的是，如果是實體星球，他們也就有身體？

貝：沒錯，可是會有不同。會有不同的差異。

朵：我在試著了解為什麼我們的星球那麼不同。因為其他生命也有身體，而且也在他們的世界生活。

貝：我在此刻能看到或知道的唯一一件事，就是跟人類正在覺醒中的意識有關。人類似乎選擇了要在地球體驗很大的戲劇性。現在，透過戲劇化的事件所帶來的覺醒正在發生。最好看的戲正在上演。（笑）

朵：這就是為什麼大家都想要看。（沒錯。）

★ ★ ★

這一點已經在我別本書裡重複好幾次了：許多來自宇宙各地的生命現在正注視著地球所發生的事。這是史上第一次有星球或文明經歷我們現在的事件。他們很好奇事情的發展和結果。之前的訊息也說過，這是第一次有整個星球的頻率和振動將提升到允許全體轉移到另一個次元。許多生命體注意到現在這裡正上演的戲碼；就像看電影或電視節目一樣，他們想看到結局。我們正下意識地為銀河舞台的演員們提供對白、情境和腳本。就如個案所說：「最好看的戲正在上演。」

★　★　★

接續前面的催眠：

朵：在地球，我們被困在業力。這點跟其他星球有不一樣嗎？

貝：在這方面確實不一樣，沒錯。地球的氣層有密度；這只是**我**形容的方式。這個密度會使得這裡的能量要在這裡解決，一旦解決了，他們就能離開這個密度。

朵：所以別的生命有不同的課題要學習。這只是不同形式的學習。

貝：正是如此，沒錯。

朵：我知道這些事很難理解，可是有沒有一個像是議會的不同階層或什麼的來追蹤這一切動態。

貝：有。這有點像是父母跟小孩。你雖然沒有對所有事情的完整覺察，可是你盡力而為。你接收到相關資料，然後提供他們所需要的幫助和指引。

朵：可是我從我的工作發現，他們不只是透過門戶觀察，有一些事實上還以實體的太空船來到這裡。

貝：沒錯。可是必須要有能量上的轉變才能以實體來到這裡。因為要進入這個氣層，能量就必須降低振動。在地球周圍有個保護層，為了能進入這個層面，要有某程度的頻率轉變才能顯化在實體次元。才能在實體世界被看到。

朵：可是如果其他生物透過觀察就知道所有資料，為什麼有一些必須實際上來到地球？

貝：地球人要開始了解，除了他們之外還有其他生命體存在；知道這點非常重要。而且地球人需要擴展他們的覺知。他們在許多方面的思考都非常狹隘。為了他們的成長和發展，意識的擴展有必要發生。並不是所有的存在體都是好的、良善的和光明的，就像在地球上有黑暗，在其他地方也同樣有比較黑暗的能量。事情就是這樣。

朵：可是他們也會來觀察嗎？

貝：沒錯。在某些情況，他們會想要控制。他們想要資源這類的東西。可是這不被允許。

朵：因為這個星球被非常小心地看顧著。

貝：沒錯，非常小心。

朵：這些是你觀察到的現象。你說你留下部分的自己去守護這個門戶，然後另一部分的你旅行到你可以觀察和問問題的地方（是的。）現在回到那個你是在門戶的那個完整能量。你在那裡做這個工作很久了嗎？時間有任何意義嗎？

貝：時間似乎沒有意義，但對山來說，是有意義的。山存在非常非常久的時間。它知道。它的能量速度放得非常非常緩慢，所以我身為這個地區守護者的能量也是同樣緩慢。我在那裡已經有你們說的非常非常長的時間了，然而我一點也不覺得久。感覺很美好（輕聲笑），很愉快，身為一座山的感覺。

朵：門戶是這個結晶狀結構的唯一用途嗎？還是它還有其他部分？

貝：它還有你們會說的其他「房間」，那是在裡面的不同地方。它有個可以傳送資料回去的系統，不需要你實際上帶回去。那裡有這樣的設置。

朵：你說它主要是用來觀察的窗口。（對。）曾經有生命體被允許從那個地方走出去嗎？進到這個星球？（沒有。）所以那裡就像個獨立完備的觀察站。（是的。）那些生命體會待在那些用來傳送資料的房間。（沒錯。）我只是想把這件事弄清楚。你現在是透過這個名為貝蒂的身體說話，而你身為的這個能量跟她是在不同的時間嗎？

貝：不是，都是一體的。都是一體。

朵：你可以是能量體在守衛門戶，但你同時也是現在這個貝蒂。（沒錯。）這是怎麼做到的？你可以解釋嗎？

貝：（笑了出來）就是這樣啊。還有意識焦點的關係。身為貝蒂，我把我的意識聚焦在這一世。無論如何，我的存在的另一部分也是這個門戶的守護能量。大多時候我們沒有覺察到彼此。

朵：我就是這麼想的。貝蒂不曾覺察到她的另一部分。

貝：沒有。而且我們是在不同的振動層級上運作。所以我能夠同時在許多地方做許多事。

朵：而且沒有任何部分覺察到彼此。（沒錯。）這就是令我困惑的事情之一，因為人們說我們怎麼能夠在同一個時間裡都是這所有一切，都是所有的存在。

貝：嗯，要以受限的認知和意識去了解會很困難。

朵：（笑）人類真的很難了解。

貝：沒錯，因為焦點不同。因此目前你們並沒有這個能力去覺察到在同時間的你的多部分存在。

朵：覺察我們的許多不同面向。（對。）這就是我被告知的，人類的心智就是沒有辦法理解全部的事。

貝：沒錯。

朵：我認為這是非常重要的資料。我可以使用這個資料嗎？（可以。）因為我在工作中是報告的人，累積……

貝：（開心打斷我的話）沒有錯！這很有趣。因為你所做的正好就是那些存在體所做的。跟你分享是我的榮幸。

朵：我試著把很多不同的部分拼湊整理出來，我想，在這方面是一樣的。

貝：沒錯。

朵：我是在有身體的時候做這件事。（對，對。）收集一個資料再另一個資料。這是為什麼我有這麼多的問題。

貝：這樣很好，因為這會幫助擴展人類的認知。擴展可能性。將靈性的覺察帶入物質身體，這就是這個時期的意義。

朵：問題是，人類在試著去了解這些複雜概念的時候有很大的困難。（沒錯。）我的工作是嘗試簡化這些概念，好讓他們能夠了解。這個工作不容易。你能告訴我為什麼她今天探索的是這一世嗎？

貝：啊，她是傳訊者。她還沒有完全覺察這一點。她會越來越對訊息開放，以便協助頻率提升的過程。她已經要求能更完全開放地去接受來自靈魂領域的訊息，她也要求能更覺察到在地球之外的存在體，這會啓動她接收訊息。

除了在一家大醫院的新生兒科擔任全職護士之外，貝蒂也開始為人做心靈解讀。她沒有受過任何訓練，完全是自然發生。她發現她能接收到在場人的相關訊息。當然，有些人她無法判別所收到的訊息，尤其是在醫院裡遇到的人，因為那裡有太多情緒干擾。

這是另一個顯示我們在意識未覺察下，同時過著兩個或更多人世的例子，而且每個相應人格並沒有察覺到另一部分的存在。透過了這個催眠法，他們才覺察到彼此並且互動。

★ ★ ★

我不太確定這個催眠所提到的通往其他次元的入口可被分類為門戶，還是窗口。《迴旋宇宙1》解釋過這個概念：我們可以透過門戶進入另一個次元，但透過窗口則只能觀察。

在這一篇的其他催眠案例，我們將探討透過門戶進出次元的現象。

（待續）

園丁後記

作者朵洛莉絲・侃南已於二〇一四年十月，完成她這次精彩的地球之旅，回到了光的世界。她以旺盛的好奇心、堅持不懈的探索精神、無私的動機、誠實、正直和愛，帶給大家她多本著作裡珍貴無比的訊息和教導。

希望喜愛她的讀者們，還有在華人世界操作她的催眠療法的人，不分地域，都能努力實踐她的書裡所傳遞的訊息；知道獲取物質名利並非來地球的目的，並在生活中做出良善利他的選擇。

不要恐懼黑暗，恐懼和沉默只是給了黑暗力量。勇敢爲你相信的眞理說話，讓這個世界多些愛，多些誠實，多些同理心，多些光。

讓你靈魂的光閃耀。這是這本書所被賦予的意念和祝福。

免責聲明

本書作者不提供醫療建議，也不指定使用任何技巧來醫治生理或心理問題。書內所有的醫療資訊，皆取材自朵洛莉絲·侃南對個案的個別諮商和催眠療程，非作爲任何類型的醫療診斷之用，也無意取代醫師的醫療建議或治療。因此，作者和出版者對於個人如何詮釋這些資訊或對書內資訊的使用並不負責。

書中這些催眠個案的身分與隱私已受到最大的保護。催眠進行的地點與事實相符，但書裡僅提及個案的名字，不透露姓氏，而名字也已經過更改。

宇宙花園　先驅意識12

迴旋宇宙2〔中〕——新能量的使徒和其他星球的生命

The Convoluted Universe-Book Two

作者：Dolores Cannon

譯者：法藍西斯／郭思琪

出版：宇宙花園

通訊地址：北市安和路1段11號4樓

編輯：宇宙花園　排版：黃雅藍

網址：www.cosmicgarden.com.tw

e-mail：service@cosmicgarden.com.tw

總經銷：聯合發行股份有限公司　電話：(02)2917-8022

印刷：鴻霖印刷傳媒股份有限公司

初版一刷：2019年5月

二版一刷：2024年5月

定價：NT$ 390 元

ISBN: 978-986-97340-1-1

國家圖書館出版品預行編目資料

迴旋宇宙2〔中〕—新能量的使徒和其他星球的生命 / 朵洛莉絲・侃南（Dolores Cannon）作；法藍西斯, 郭思琪譯

-- 初版. -- 臺北市：宇宙花園, 2019.05

面；　公分. --（先驅意識；12）

譯自：The Convoluted Universe—Book Two

ISBN：978-986-97340-1-1（平裝）

1. 輪迴　2. 催眠術

216.9　　108007457